初中3年，孩子成长的60个细节

王三石　编著

中国社会科学出版社

图书在版编目（CIP）数据

初中 3 年，孩子成长的 60 个细节 / 王三石编著 .
北京 ： 中国社会科学出版社， 2024. 8. --（智慧做父
母）. -- ISBN 978-7-5227-3843-7

Ⅰ . G782

中国国家版本馆 CIP 数据核字第 2024BS4079 号

出 版 人	赵剑英	
责任编辑	黄　山	
责任校对	贾宇峰	
责任印制	李寡寡	
出　　版	中国社会科学出版社	
社　　址	北京鼓楼西大街甲 158 号	
邮　　编	100720	
网　　址	http://www.csspw.cn	
发 行 部	010-84083685	
门 市 部	010-84029450	
经　　销	新华书店及其他书店	
印刷装订	北京君升印刷有限公司	
版　　次	2024 年 8 月第 1 版	
印　　次	2024 年 8 月第 1 次印刷	
开　　本	880×1230　1/32	
印　　张	9.75	
字　　数	186 千字	
定　　价	48.00 元	

凡购买中国社会科学出版社图书，如有质量问题请与本社营销中心联系调换
电话：010-84083683

版权所有　侵权必究

前　言

初中 3 年，是"黄金期"也是"危险期"

初中阶段，是人的一生中最为关键并且最富有特色的时期，也是孩子身心急剧变化的时期。如何让孩子平稳度过人生路途的"黄金期"，是摆在每个家庭、每位家长面前的课题。

一位心理学家曾经说过这样一句话："在人生的各个阶段中，青少年时期是最让人忧虑的。"之所以会这样，不仅因为儿童时期适应不了所积累下来的问题，到了青少年时期就表现得更加明显、更加严重，而且由青少年时期过渡到成年期，在追求独立与建立自我的过程中，孩子常会遇到各种特殊的适应困难。

可见，对于初中生来说，他们经历的"黄金期"同样也是一个"危险期"。

孩子成为中学生之后，会经历一场身心巨变，他们与家庭之间的关系也不同于往昔。小学阶段，家庭是保护他的城堡，而当孩子变成初中生后，他却每时每刻幻想着从这个曾经给予他保护的城堡中尽早走出去，从父母的唠叨、管教、干预、限制中解脱出来，寻找属于自己的小天地。可是，想象和现实总是存在这样那样的差距，甚至出现难以调和的矛盾。孩子会在学习、青春期心理、人际关系等方面出现问题。

初中孩子学习负担加重，学习压力越来越大，厌学成为学习活动中比较普遍、突出的问题；孩子进入青春期，随着身体的发育，生理巨变必然引起情感上的激荡，而迅速发育成熟的生理与相对幼稚、单纯的性心理作为这一时期最为突出的矛盾让孩子备受折磨和压抑。由于孩子的好奇心和极强的模仿力，使他们更容易受到外界的影响，吸烟、喝酒等不良习惯很容易在这一阶段集中出现。

在人际关系的问题上，初中阶段的孩子也会感到十分困惑：如何与老师相处、与同学相处，甚至与父母相处，在这一特殊阶段都成了不是问题的"问题"。所以，作为父母，要理解孩子进入初中阶段的变化和所受的压力，了解孩子的心理特征，因势利导地对孩子进行教育和引导，使孩子在独立与依赖、自负与自卑、沟通与封闭等矛盾中逐渐从幼稚走向成熟。

本书以"尊重"为前提，"信任"为纽带，"沟通"为条件，"理解"为依托，"关爱"为基础，"引导、协助"为方式，详细列举了许多具有代表性的事例和真实的生活场景，细心、贴心地为家长们揭示了与青春期孩子保持良性沟通的有效方法，使亲子关系得以缓解，让冲突对抗平和结束，促进父母与青春期孩子在日常生活各方面相处得更加融洽、温馨、和谐。

通过这本书，父母会明白给孩子创造良好的家庭氛围，注重和青春期的孩子保持良好的沟通的重要性，意识到把孩子当"无知幼儿"看待、对孩子发号施令、用语言暴力或体罚让孩子屈从等方式的不利后果，更加明确要教育孩子，必须在尊重孩子的基础上平等地对待孩子的青春期行为和各种意识，既要理解他们的独立意识和要求，又要让他们在实践中逐步学习成年人的行为，按照一般性人际关系准则行事。

在学习上，父母有必要了解初中课程与小学课程的差异性，理解孩子所承受的压力和困境，和孩子一起制订合理的学习计划并指导孩子进行总结与反思，不对孩子过多地管制和要求，帮助孩子消除厌学情绪。

在对待青春期孩子的种种具有明显年龄特征的问题上，本书提供了诸多切实可行的、极具针对性的建议，使父母在给予孩子理解和关心的基础上，通过正确的方式方法，以耐心、理解、包容的心态接纳孩子在青春期的变化与波动，用父母的关爱和鼓励帮助孩子建立强大的内心。

我们都爱自己的孩子，都希望孩子健康成长。这种美好愿望的实现需要父母做出调整和努力，更需要父母用心思考，用关爱帮助孩子顺利而平稳地度过青春期这个"多事之秋"。

| 目　录 |

初中生正处于青春期，13岁至15岁时是身体生长发育高峰期，这期间，孩子的身高、体重明显增加，第二性征开始显现。这一时期，父母要帮助他们认识身体的变化，减少身心变化带来的不适应和恐慌。

第一章

发育：
关注孩子的身心变化

1. 和孩子一起面对身体的变化

初中阶段是孩子由儿童逐渐走向成年的过渡时期，也是孩子变化最大的时期。父母在与孩子相处和对孩子进行教育的时候，要注意关注孩子的心理变化，更要理解孩子由于身体变化引发的心理波动。

身体的变化几乎从小学高年级开始一直贯穿孩子整个初中阶段。父母们会发现，自己的儿子好像突然之间长得高大帅气，女儿也变得亭亭玉立。特别是男孩，在小学时还常常站排头或坐第一排，一个暑假就蹿成坐最后一排的大高个子。国家卫生健康委员会 2021 年发布的《7 岁—18 岁儿童青少年身高发育等级评价》显示，孩子们的身高平均每年要增长

4 厘米—5 厘米。

除了身高出现明显的变化之外，另一个显著变化就是第二性征的出现，男孩的喉结会突出，声音会变得低沉，身上的体毛也会明显增多，尤其是嘴唇周围和下巴出现胡须；女孩主要表现为胸部隆起，骨盆变宽，也会出现体毛等。对于身体出现的种种变化，孩子很可能一时难以适应，觉得害羞，甚至过于担心自己的外在变化而变得忧郁、自卑，进而产生一些心理问题。

天气渐渐炎热起来，在做课间操的时候，许多同学都把外套脱了，而老师发现，班上有一个女生却仍然穿着一件厚厚的外衣，不仅如此，这个女生还常常含胸驼背，低着头走路，即使这样，仍然掩饰不住胸前发育的迹象。作为女性，老师清楚地知道这个身体发育比其他女生要明显的孩子正在被自己身体的变化所困扰。于是，老师把女生带到办公室单独进行交流，并与女生的家长电话联系，适时提醒家长要多关注孩子的身体变化，让孩子得到更好的认识和保护。

这位老师十分细心，注意到女孩的"异常表现"，关注到女孩的身体变化，也明白如不及时使女孩正视自己的身体变化，不尽快疏导孩子的焦虑情绪，这个女孩的心理肯定会受到不良影响，更会直接影响她的正常学习和生活。

然而，现实生活中，不少粗心的父母却没有在这个关键时期对孩子保持关注，等出了问题才后悔不迭。

15岁本是大多数孩子坐在初中二年级教室里认真上课的时候，而晓月却在这个年纪做了一名年轻的"未婚妈妈"。

晓月的父母都忙于工作，晓月跟着年迈的奶奶一起生活。进入初中后，晓月渐渐地出落得亭亭玉立，父母也为自己女儿逐渐长大感到欣慰。可谁曾想晓月在一个暑假之后身体越来越胖，父母和晓月自己都认为是暑假期间饮食太过丰富缺少运动而引起的。晓月在减肥两个月之后不仅没有变瘦，反而越来越胖，更是浑身乏力。妈妈特意抽空带女儿到医院检查，可医生的一番话让晓月妈妈顿时呆坐在地。

经过B超检查，医生确认晓月已经怀孕7个月了。

自己的女儿怀孕了？！这让晓月的父母很难接受。晓月妈妈哭红了双眼，要带女儿去做引产手术，而晓月的爸爸更是眉头紧锁，当着医生的面扇了晓月一个响亮的耳光，丢下一句："丢死人了！"就离开了医院。

由于晓月年纪较小，腹中的胎儿也已经足月，引产下来的孩子居然存活了。毕竟是一条生命，善良的晓月妈妈还是把小婴儿抱回了家。

面对周围邻居的议论，晓月一家最终搬家了，晓月也辍学了。

晓月的无知令人叹息，而晓月父母的失职也让人感到难过。我们周围不乏这样忙于事业而对孩子关爱太少的父母，总认为自己挣钱满足孩子花销、给孩子提供安稳的食宿、让孩子顺利完成各阶段的学业就行了，而疏忽了对孩子情感或心理上的必要关心。即使是一些关注到孩子身体变化的父母，也往往出于各种原因不会主动和孩子交流，总是等到孩子"出了事"才赶紧给孩子"补课"、想对策。

关注孩子的身体变化，是每位父母必须正视并且需要面对的话题。随着儿子、女儿的成长变化，他们的身体会出现不同的变化，生理机能更是需要父母细心观察，在这个阶段，父母对孩子正确的教育却是必不可少。

父母平时要让孩子对自己的发育多些认识，正确看待自己的成长与心理变化。无论是为孩子购买一些有关青少年身心健康的读物，还是父子、母女促膝长谈，家长都应该从正面对孩子进行引导，让孩子知道，他们的身体出现这样那样的变化是很正常的，有一些朦胧的性冲动也并不是"坏事"。告诉孩子，他们正在逐渐变成"大人"，就像孩子爱看的"魔仙""变形金刚"一样，他们正处于"变形期"，如果正常对待这个过渡阶段，未来，他们就会成长为真正的成年人。

2. 谈"性"——该出口时就出口

青春期是青少年社会化的重要时期，起始于10—12岁，早的可提前到5—6岁，也可延迟到15—16岁。青春期作为童年走向成年的过渡，主要标志是性发育和性成熟。孩子们要经历躯体和心理上的急剧变化，父母们除了和孩子一起面对身体上的变化之外，还要了解孩子在青春期的心理变化，关注孩子的心理需求，给孩子更多的关爱和鼓励，和孩子一起平稳度过难挨又幸福的青春期。

在青春期，孩子会在13—17岁时以性征发育为主，以生殖器官和第二性征明显发育为特征。随着性腺活动的变化，孩子会产生一些正常的性心理表现，比如强烈的性感受和性幻想，男孩阴茎自动勃起的次数增加，女孩阴道分泌液增加，自慰行为的频率上升。如果父母只注意孩子这些生理变化的表象，欣慰于孩子正在成年的现实，而忽略了对孩子进行必要的心理引导，那么，孩子就会对自己身体变化，特别是性意识的萌发感到无所适从，甚至产生自卑感、罪恶感。

小轩上了初一，可他最近却觉得有点儿不对劲——不仅原本清脆的声音像是变得浑厚了，而且早上起来的时候裤子上总有些黏糊糊的东西。他一开始以为自己生病了，可男生们在一起的时候悄悄议论，才知道自己原来是发育了，开始遗精了。小轩很为自己即将成为一个真正的男人感到兴奋。

小轩发现，遗精时的感觉很奇妙，让自己浑身都特别舒服。为了感受到这种给自己带来欢愉感觉的"舒服"，小轩开始有意识地让自己遗精。渐渐地，小轩开始迷恋上了手淫，几乎每天都会有一两次。

频繁的手淫让小轩的身体渐渐吃不消，出现了腿软、尿频等症状，这让小轩感到十分恐慌："听说有'精尽人亡'的说法，难道自己就要死了？"虽然恐怖的念头总在小轩脑海中萦绕，但自慰时给自己带来的快感却让他欲罢不能，总是告诫自己"这是最后一次，以后就戒了，再也不这样了"。可每次"最后一次"都让小轩特别后悔。

在上体育课时，小轩由于体力不支晕倒在操场上，被老师和同学送到了医院。闻讯赶来的父母得知儿子身体虚弱，感到十分痛心又很纳闷："孩子平时的营养搭配得很好啊，怎么会虚弱呢？"

在父母的追问下，小轩红着脸，断断续续地把事情的经过告诉了父母。父母意识到，自己只注意了孩子正在长身体，需要补充营养的事实，却忽略了对儿子在性心理方面的关注，才导致儿子疏于引导，伤害了自己的身体。

我国传统观念认为，手淫可以耗精伤髓、大伤元气，不仅眼下是百病之源，以后还不能进行正常的性生活。在现实生活中，确实也有一些像小轩这样的青少年因手淫而体质下降、精神萎靡，学习成绩下降，并且认为自己的做法"不道德"，思想肮脏，却又控制不住快感对自己的吸引力，于是不停地在矛盾中反复挣扎。

大部分的中学生对手淫、自慰、性爱、接吻等的看法是不恰当或者错误的。有的女孩认为和男孩接吻就会导致怀孕，于是惊恐不已、惴惴不安；有的女孩偷尝"禁果"后怀孕了却不自知，以为自己只是肥胖了而已；有的女孩认为自己有性需求、对异性产生性幻想就是"下贱"的表现；还有的孩子羞于和父母谈论就观看所谓的"性教育影片"，结果陷入"黄毒"中难以自拔……如果父母在认识到孩子已经进入青春期的身体变化的同时，加强对孩子进行一些性心理的家庭辅导，那么，孩子就不会饱受苦恼和矛盾的折磨。

家庭是孩子未成年时期性教育的第一个教育环境，父母对儿女的性教育是最应该引起重视的，但在现实中，很多父母在孩子小的时候不注意从生活细节中把性知识、正确的性取向或性观念一点一点地传递给孩子，认为跟孩子说"性"不好意思，也没必要，总认为孩子太小，说了也不懂，即使说了，还很担心孩子在与外人玩耍时口无遮拦，会让大人感到很难堪。更多的父母则认为，孩子大了自然就懂了，甚至对孩子的一些有关性的问题敷衍搪塞或厉声训斥。等到孩子中学，甚至大学了，有些家长才意识到应该对孩子传递一些必要的性知识，但是在那个时候，孩子已经听不进父母的话了。试想，当爸爸或者妈妈把儿子或者女儿偷偷叫到卧室里，关上门之后，面露难色、欲言又止的样子，显露出无比的尴尬，让孩子感受到凝重的气氛和不自在——这样的方式无论如何都不是正常的，对孩子不可能起到任何的教育作用。

其实，对于孩子而言，他们"什么都知道又什么都不知道"，所谓的"什么都知道"，就是指网上什么都有，关于一些"性知识"，孩子只需要轻点鼠标就能查到；而所谓的"什么都不知道"，就是说现在的中学阶段的孩子通过其他渠道了解到的"性知识"并不一定是正确的、系统的。这些从不正规渠道了解的不一定对的知识完全有可能对孩子产生误导，造成孩子在认识上的偏差，孩子对待性问题或处理由性问题引发的事件自然不能有正确的方式方法；相反，错误的信息指导错误的行为，会给孩子的身心造成极大的伤害。

所以，父母从小就要对孩子讲授必要的性知识，同时也要了解孩子在成长过程中不同阶段的性心理，主动地以平和的态度为孩子解决青春期的疑惑。这样不仅能够对孩子青春期难以自控的冲动性行为有所引导和遏制，而且还能使孩子在思想上对异性、恋爱等问题有比较正确、积极的理解，对孩子今后的择偶观、婚恋观等都有着至关重要的影响。

3. 塑造健美身姿从现在开始

妈妈蓦然发现，自己读初中二年级的女儿小萌怎么变成了一个小驼背？不仅看起来无精打采，而且对小萌的脊椎、视力都产生了影响。虽然在妈妈的多次提醒下，小萌渐渐有所注意，但她平时还是不时地低头含胸，特别是在出门购物或是有客人到访的时候最为明显。这是什么原因呢？

通过和小萌的交谈，妈妈明白了女儿的心思。

　　原来，小萌的胸部相比班里的其他女生而言已经发育得很好，为了掩盖自己的"另类"和"突兀"，小萌平时竭力低头含胸，希望通过这种姿势使自己的胸部看起来不是那么明显，久而久之就变成了驼背。

　　妈妈对女儿的苦衷十分理解，笑眯眯地开导小萌："看来，我闺女是大姑娘了！你看，那些年轻漂亮的姑娘，她们都为自己玲珑有致的身形感到自豪，你现在渐渐地由女孩变成女人，或许暂时还没习惯自己的身体变化，但只要相信这是必然的、正常的变化，充满自信就能够坦然面对了。走，妈妈给你买适合你穿的内衣。"

　　有了妈妈的理解和贴心呵护，小萌很快就走出了过度关注身体变化的阴影，对自己的身姿变得自信了。

　　有的女孩在进入青春期时，面对身体的变化不知所措，觉得胸部隆起了很难为情，常常低头含胸；而有的男孩身体在一两个月里蹿出很高，担心别人嘲笑他"傻大个子"，也企图通过弯腰驼背这种方式降低自己的身高，显得和别人高度相似。这些不良的姿态会对孩子的身体发育造成不良影响，父母应及时发现，并进行纠正。

　　初中孩子由于不注意自己的形体，常常出现驼背、塌腰、耸肩、斜肩、"八字脚"等现象，而过量食用高热量快餐也使许多初中阶段的孩子们出现了"肥胖症"。由于孩子正处于身体生长发育的关键时期，人体的形态结构在这一时期发生的变化最为巨大。如果这个时候不注意及时矫正体形，不注重塑造健美的身姿，久而久之就会形成难看、有损健康的形态并且难以纠正。所以，父母要提醒孩子，从现在起，就要在关注自己身体变化的同时注意保持正确的站姿、坐姿、走姿等，在饮食上也要有所控制，逐渐塑造出健美的身姿。

◎ 改掉不健康的饮食习惯。

目前，在初中学生中，独生子女已占很大的比。父母为了孩子倾注了所有，为孩子提供了优越的家庭环境，更提供了良好的营养条件。但是，这种关爱和呵护却也带来了营养失衡的弊端。而且现在的父母亲由于工作忙，无暇照顾孩子，就给钱让孩子自己买东西吃，而孩子吃了些什么呢？根据相关调查，大部分学生一个人在家时大多吃方便面，喝可乐等碳酸饮料；在街上爱吃"肯德基""麦当劳"等"洋快餐"；在学校会买一些游商小贩兜售的无任何质量保证的劣质食品。

许多孩子进入初中后由于父母的过度疼爱和自身不良的饮食习惯，再加上课余闲暇时段缺乏必要的体育锻炼，孩子回家后就看电视、玩电脑，生活越来越倾向"静态化"。脑力劳动的增加和体力劳动的减少，使孩子摄入的过多能量不能被及时消耗，在体内转化为脂肪，贮存在皮下脏器周围使身体发胖，于是，苗条的孩子逐渐变成了一个个"小胖墩"。这不仅对身体造成很大危害，还会对孩子的心理产生不良的影响。所以，父母要教育并督促孩子逐步改掉不健康的饮食习惯，加强体育锻炼，不让肥胖影响身体健康和正常的学习、生活。

◎ 积极改变不正确的姿势。

健美的形体是在人体的四肢、躯干、头部合理配合下才能显示出的姿态美、体态美、线条美等外部形态，并且要与内在的心理因素、精神因素和所受教育水平、充足的自信心等综合表现相结合体现出的和谐统一美。但是，学习压力大、体育锻炼少，导致了孩子的身体肌肉锻炼不足，而长时间的不良姿态更导致了背部肌肉松弛。如果孩子平时学习时存在不正确的写字姿势，胸部靠桌子太近，头离桌面太近，不仅会造成视力下降，而且会使脊椎出现 S 形等异型变化；此外，书包过重、追求潮流使用单肩包、过度迷恋手机、电脑等都会导致身形逐渐变得扭曲、难看。

父母要在平时多关注孩子的身形，指导孩子注意休息和调节，在使用手机、电脑或写作业时每隔半小时就要做双肩向后用力、胸部前倾、转动眼球、仰头看天花板等系列动作，有条件的话可以在房间里做一些原地蹦跳等舒展筋骨的动作；提醒孩子到了学校也要注意间隔一定的时间做一些调节性的活动；为孩子选用遵循人体工程学和人体力学的减压书包，并且尝试前后换背的方式加强背部肌肉的锻炼。

对于坐姿不端正的孩子，父母要为孩子选用按人体工程学原理设计的学生座椅，监督孩子即使在休息时也不能瘫坐在椅子上，要自然略向后仰靠在椅背上。平时可以督促孩子适当练习俯卧撑，可以伏在地上做，也可以扬头对着墙做，这样做不但能锻炼手臂力量，还能促使肩背、胸腹、下肢等得到良好的锻炼，对保持健美的形体也有帮助。此外，还可以让孩子俯卧在床上做两头翘的"飞燕"运动，能有效改善探颈、驼背、腰椎间盘突出等毛病。

对于一些歪肩斜眼、双手插兜、上身后仰、脚一前一后等耍酷的孩子，父母要及时注意纠正孩子的姿势，因为这种姿势不但严重影响形体美观，而且更体现出孩子的不自信。父母要在生活中纠正孩子不健康身姿的同时，更要注意鼓励孩子积极向上，使孩子在心理上变得自信，外化到形体上就变得健美。

4. 保护好视力，不做"小眼镜"

眼睛是心灵的窗，父母要教育孩子好好保护自己的双眼。孩子 5 岁之后尽量每 6 个月至 1 年做一次视力检查，注意监测视力发育状况，一旦发现孩子出现眼位不正、视力不佳等情况要及时矫治。

进入中学后，学科增多，学业负担加重，用眼的时间大大增加，所以，父母要督促孩子保持良好的用眼卫生习惯。在孩子做家庭作业时，要监督他以正确的坐姿看书写字，提醒孩子眼睛要和书本保持一段距离，绝对不能躺在床上和在行驶的汽车里看书写字。现在，不少孩子为了能多一些时间玩耍，就积极利用放学回家乘车的这段时间，在公交车、私家车后座上写作业，这样极其错误的行为不仅会使眼睛受到损害，而且环境嘈杂，学习质量差、效率低，有百害而无一利。

◎ 保持正确的用眼姿势。

生活中，父母一定要培养孩子养成正确的读写姿势。看书时要做到"肩不耸、头不歪、背要直、书和身体离一尺"。尽量为孩子准备符合人体工程学的学习桌椅，如果没有为孩子准备专门的学习桌椅，孩子使用的是成人桌椅，也要想办法用加书本或垫子等方式调节桌椅的高度，使孩子不仅坐得舒服，更要坐得健康。

值得注意的是，孩子的握笔姿势是否正确对于双眼视力的保护也是极其重要的。有的父母会认为，握笔姿势不好看，没什么大不了的。其实不然，正确的握笔姿势并不是好看与否的问题，而是通过正确的姿势使孩子的眼睛得到保护。目前，握笔姿势不佳的孩子绝大多数都是握笔时大拇指完全包住了食指和笔的前端，这样必定造成了孩子在写字或画画的时候不得不歪着头才能看到笔尖，才能看清自己写下的笔迹。久而久之，这种歪头书写的姿势不仅对孩子的脊柱产生不良影响，容易造成脊椎歪斜，更会使孩子的左右眼视力产生一定的偏差，引起近视或斜视。所以，父母一定不要小看握笔姿势这个看起来不起眼的小问题，要在平时关注孩子写字的姿势和身形，一旦发现问题就要及时纠正。

父母在平时还要控制孩子在家里看手机、电脑、电视的时间，或其他会加重视力负担的活动。看电视时，要根据房间的大小选择合适尺寸的电视，要使孩子的眼睛与电视屏幕在同一水平线上，避免孩子出现俯视或仰视的姿势，对双眼视力造成影响，对脊椎也带来不必要的伤害。

◎ 保持良好的用眼卫生习惯。

为了保护孩子的双眼，父母平时要督促孩子勤洗手，不用脏手揉眼睛。不少男孩喜爱踢球，在运动之后汗水或灰尘附着面部，孩子就会用手或衣袖擦拭脸或眼睛，这种从小就没有得到有效纠正的习惯会对孩子的眼睛造成损害。父母不要认为孩子已经大了，能够照顾自己了，像"别用脏手揉眼睛"之类针对那些不懂事的小宝宝说的话，再对初中孩子说就太幼稚了。这些道理孩子都懂，都很清楚明白，但在眼部出现不适的时候他仍然会不计后果地伸手擦拭。所以，父母要做的就是提醒，使孩子在做这些"下意识"的动作之前，脑子里先想到"如果我揉搓了眼睛，会怎么样"，让孩子以理智来克服随性的动作，并采用积极有效的措施使眼部的不适得到缓解。比如眼睛进沙子了，孩子会清醒地知道应该努力尝试打哈欠的方式使双眼流眼泪冲掉异物，而不是莽撞地对眼睛乱揉一气。

对于一些已经佩戴了眼镜的孩子而言，更要注意保护视力。除了平时学习时注意坐姿、用眼距离等，在进行篮球、足球等球类运动时更要注意保护双眼，尽量摘掉眼镜或佩戴隐形眼镜，避免佩戴框架眼镜在与人冲撞、拼抢时发生意外事故。

◎ 注意均衡饮食。

孩子进入中学阶段，用眼强度自然加大，不同的眼部组织需要不同的营养成分，只有膳食均衡，粗细搭配、荤素搭配，才能保证微量元素和维生素的充分摄入。父母保护孩子的眼睛也要从饮食上多加注意。要使孩子在日常生活中摄入足够的营养物质，才能保持视功能的良好。让孩子多吃一些含有维生素 A 的食物，避免孩子的双眼对黑暗环境的适应能力减弱而发生夜盲症，可以吃各种动物肝脏、奶类和蛋类，以及植物性食物，像菠菜、青椒、胡萝卜等，以及水果中的橘子、柿子、杏等。

此外，还应该多让孩子进食富含维生素 C 的食物，比如各种新鲜蔬菜和水果。作为组成眼球晶体的成分之一，维生素 C 显得特别重要，一旦缺乏就很容易患晶体混浊的白内障。所以，父母不妨在平常炒菜做饭时为孩子搭配青椒、黄瓜等含维生素 C 较高的蔬菜瓜果，日常辅以鲜枣、梨、橘子等水果。

◎ 加强眼部锻炼，定期进行视力检查。

平时，父母可以指导孩子在家里也坚持做简单有效的眼保健操，鼓励孩子在学习过程中适当休息，自己按摩眼部周围穴位和皮肤肌肉，以达到刺激神经，增强眼部血液循环，松弛眼内肌肉，消除眼睛疲劳、防治近视的目的。

　　还可以通过转动眼球、近看远眺交替进行的方式使眼睛里的晶状体得到适当调节，这不仅能促进眼睛的血液循环增进新陈代谢，还能使孩子的身心在简单、短暂的小运动中得到休整和调节。

5. 有异性关注是好事

　　初二的雯雯和妈妈的关系一向像朋友一样亲密，有什么烦恼和趣事都会同妈妈聊，而妈妈也乐意为女儿排忧解难、分享快乐。

　　这天，雯雯愁眉苦脸地对正在厨房忙碌的妈妈说："妈妈，我不知道最近怎么了，有时候觉得心里乱乱的。"

　　"哦？怎么会这样？是不是哪里不舒服？"妈妈放下了手里正在打理的菠菜，转头询问雯雯。

　　雯雯回答说："也没觉得哪里不舒服，就是在学校的时候，班里有个男生总是有意无意地找我说话，虽然我也不讨厌他，但别的同学看见他来找我，都起哄了。弄得我现在都怕他和我单独说话了。"

　　　　原来是这样！男生对女生有了好感，可女生却
因为周围同学的起哄而感到害羞、焦虑。妈妈继续
和雯雯聊天，在了解了女儿的苦恼之后，和蔼地对
雯雯说："呵呵，有男孩子关注你、喜欢你，是好事
啊，说明你很可爱，有值得别人欣赏的优点。妈妈
觉得这很正常，没有什么可难为情的，只要你和这
位男生坦诚交流又注意男女有别、适当把握好交往
的尺度，妈妈觉得你完全没有必要理会别人的嘲讽，
好好珍惜你们的这份友谊吧！"

　　这位妈妈显然是一位开明的母亲，不仅通过语言化解了
女儿心中的烦恼，还在不经意间向女儿传达了作为母亲的叮
嘱和建议。

　　其实，有异性关注并不是一件坏事，如果自己的女儿或
儿子受到异性的关注和欣赏而感到困惑、烦恼时，父母可以
肯定地告诉孩子："这不是坏事，你不必害怕，不用担忧。"
而如果自己的孩子对别人有了好感，这也是十分正常的表现。
因为处于青春期的少男少女对异性感到好奇、产生好感、想
接近异性是性意识发展到一定阶段的必然表现，是很正常的
现象。无论是关注别人还是被别人关注，父母要告诉孩子，
这是一种正常的心理现象、一种纯真的表现，完全可以大大
方方地接近、堂堂正正地交往。让坦诚的正常交往对孩子的

身心健康和学习生活产生良好的促进和影响。

为什么被异性关注是好事呢？这是因为社会生活中普遍存在一种"异性效应"。也就是说，有两性共同参加的活动，相对那些只有同性参加的活动而言，参加者更会感到愉快，在异性的关注下，人往往对自己要求更加严格，表现得更为出色，异性间心理接近的需要得到了适当的满足，获得了愉悦感的同时也激发了孩子内心的积极性和创造力。这就是俗话讲的："男女搭配，干活不累。"

在学校里，男篮比赛的时候，有女生组成的啦啦队、女同学递送饮料，球场上的男生会士气大增；在野外郊游时，男生生火女生做饭，场面就会十分活跃，这些都是"异性效应"的现象。可以说，男生和女生都希望在对方心里留下美好的印象，所以会不由自主地促使自己发挥得更加出色。

但是，有不少家长或者老师对这种"异性效应"并不认同，更不敢正视，一旦发现某个男生对某个女生特别关注，或者哪个女生对哪个男生脉脉含情就被视为洪水猛兽，担心"出事"。这种担心可以理解，但又毫无必要，甚至这种态度是有害无益的。"异性效应"是男女友情萌发的基础，对中学生来说，产生的友谊基本是纯真的、善意的，对孩子的健康发展是有积极作用的，所以，父母、老师不必大惊小怪，更不要一味地打压。父母应当摆正自己的心态，对孩子进行正面引导。中学生出现早恋，究其本身，有社会因素等各方面的影响，也与父母没有做好早期引导息息相关。

那么，父母要怎样更好地利用孩子之间的"异性效应"呢？

◎ 引导孩子利用"异性效应"取长补短。

孩子在进入青春期以后，由于性激素的分泌、第二性征的出现，身体外形及体内功能发生了很大的变化。不少少男少女正是因为不能正视自己的身体变化而产生了这样那样的心理问题。所以，父母要理解孩子身体变化带来的心理波动，了解孩子的青春期的朦胧性意识，积极引导孩子利用"异性效应"在男女同学交往和相互吸引的过程中发现对方的长处和自己的不足，使自己在学习和心理调节上取长补短，使孩子的个性在相互学习中得以丰富和完善。

◎ 鼓励孩子向异性学习，从而提高学习效率。

任何事情都要一分为二地看待。父母要看到"异性效应"中的积极一面。一般情况下，男孩在思维方法上偏重于抽象化，概括能力较强；而女孩在思维方法上多倾向于形象化，观察细致，并富有想象力。父母可以鼓励孩子向对方学习，男女同学在一起学习时相互启发，拓宽思路，活跃思维，相互激励，启迪思想观点，从而逐步提高学习效率。

◎ 利用被异性关注的复杂心理激励自己奋发向上。

绝大多数青春期的少男少女都希望得到异性的关注，都希望能以自己某些特点或特长受到异性的青睐。即使有的孩子在被异性关注时感到别扭、害羞、不自信，但那种被注视的感觉总是兴奋多于难堪。所以，父母可以鼓励孩子利用被异性关注的那种既害羞又甜蜜、既紧张又欣喜、既忐忑又自豪的复杂心理激励自己奋发向上，以提高自己的能力、增强表现欲等方式获得对方的赞许和钦佩，从而促进自己不断进步。

◎ 通过被关注不断提高自我评价的能力。

青春期的少男少女由于性意识的发展，往往非常留心异性同学，特别是自己喜欢的异性同学的一举一动、一颦一笑，而不管是关注别人还是被别人关注，都会想方设法地把自己最美好的一面展现在对方眼前。所以，在评价对方的同时也会注意规范自己、塑造自己、完善自己。这种在评价别人的过程中逐渐学会以积极向上、正面乐观的标准对自己进行评价，不失为一种强有力的激励手段，更使自我评价的能力得到了提高。

当然，必须要提醒父母们注意的是，对男女同学交往过于关注的同时，要注意通过言语、眼神、动作等方式，让孩子明白父母的真实想法和意图，使孩子明白无拘无束、坦诚相待、相互激励、共同进步的异性交往是值得肯定和鼓励的，但又要在交往中注意男女有别，适当把握异性之间交往的"度"，那样才是父母愿意看到并认可的，才是自然、成熟、积极、健康的异性交往方式。

6. 小学是好学生，初中怎么了？

初中是孩子由幼稚的童年向青少年转变的时期，也是个性逐渐形成的时期，更是人生中最为重要的转折点。从小学升入初中，无论是课程设置、学习内容、学习方法还是身心发育、人际关系等都会面临许多新的现象和问题。不少初中一年级的孩子由于对学习缺乏必要的认识或对学习认识不足，不能根据初中生活的特点及时对自己进行调整，往往出现在小学时是好学生，而到了初中却手足无措、排名下滑，出现种种不适，严重影响了学习质量和身体心理的健康成长。

初中学习和小学学习相比，科目变多了，内容也更为丰富，各科难度加大，要求也变得更高，而且课后或家庭作业量也增大了。孩子们进入初中后面临的学科的常识性知识越来越少，趣味性也越来越弱了，如果不能很好地转换角色，那么在适应初中生活方面就需要更长的时间。

对于父母或孩子而言，分数往往是衡量孩子学习状况的重要参考标准，但是，小学考试的分数和初中考试的分数是绝对不可能等同而论的。小学时孩子考 90 分乃至 100 分是很平常的事情，但在初中，有时孩子考 85 分或许还是全班第一；也有不少孩子在小学时考 95 分，而到了初中却有不及格的情况，这些都是有可能的，所以，父母不仅不要再以孩子读小学时的教育方式和衡量标准去判断孩子成绩，更要鼓励孩子撇掉小学阶段的好成绩或坏成绩，到了初中，一切重新开始。

由于初中与小学存在各种差别，父母或许还会发现，孩子刚进初一时对新的环境十分好奇，但过了半个月或一个月之后，却出现了消极的心理症状，如讨厌上学、对学习产生焦虑畏难情绪、对老师反感、与周围的同学不合群，等等。这是因为孩子经历了学习环境的变化，随着年龄增长，自我意识增强，在小学时是学生干部，进入初中后却没当上学生干部而感到失望，想在新环境中努力表现自己得到老师和同学的认可却事与愿违……这些状况都可能导致孩子发生心理问题。

所以，当父母感觉到孩子进入初中之后在学习、行为举止、生活习惯、脾气兴趣等发生很大变化时，不能一味地认为孩子在小学时还很听话，还是好学生，到了初中就变了，或者把一切归咎于孩子贪玩、叛逆。父母要理解孩子的身心变化，更要帮助孩子顺利度过青春发育期。当小学阶段的好学生，在初中阶段发生巨大变化时，父母可以着重观察以下几方面。

◎ **关注孩子的身体变化。**

孩子处于少年期和青春期交替阶段，骨骼和肌肉等发育很快，逐渐趋于成熟，体格发育并慢慢定型。可以说，初中阶段是孩子身体机能发育成熟的关键期，父母要关注孩子的身体变化，引导孩子多参加体育锻炼，督促孩子保持正确的站姿、坐姿，并合理控制孩子上网游戏或看电视的时间，注意保护孩子的视力。

◎ **关注孩子的心理健康成长。**

孩子进入初中后，不会再像小学阶段那样简单地服从或遵守命令。父母要像对待成人那样和孩子相处，但也要明确，青春期毕竟只是通向成年的桥梁，并不是真正意义上的成年，孩子的意见、判断、想法、需求很可能是不妥当甚至是荒唐的。作为家长，父母要理解孩子的波动性变化，给孩子发表意见和观点的权利，不用粗暴、武断的方式夺取孩子的话语权。在否定孩子不正当需求或意见时，注意保护孩子的自尊心，同时准确地表达自己对孩子的理解——即使不赞同，但也懂得孩子的想法，对孩子表示尊重。

◎ 关注孩子学习习惯的养成。

进入初中以后，随着青春期的来临，学习负担的加重，在学习习惯方面需要注意：

首先，尊重孩子的个性和兴趣。家长应该尊重并了解青春期孩子的个性和兴趣变化，以此为基础来培养他们的学习习惯。对于喜欢动手实践的孩子，可以通过实验和项目来激发他们的学习兴趣；对于喜欢阅读的孩子，可以提供丰富的阅读材料和讨论机会。

其次，引导孩子正确面对学习压力。青春期孩子往往面临着来自学校、家庭和社会的多重压力。家长可以帮助孩子理解学习的重要性和意义，同时也要教会他们如何合理应对压力，如通过运动、艺术等方式来放松和调节情绪。

最后，注重培养孩子的自律和自主能力。青春期是孩子逐渐走向独立和成熟的阶段，家长应该学会逐渐放手，让孩子学会自我管理和自我约束。可以通过制订学习计划、设定学习目标等方式来培养孩子的自律能力；同时，也要鼓励他们独立思考和解决问题，培养他们的自主能力。

　　青春期的孩子学习习惯培养需要家长的耐心引导，特别需要关注孩子的个性、情绪、压力和自主能力等方面，通过理解、支持、引导和培养来帮助他们形成良好的学习习惯。

　　◎ 关注孩子的精神世界。

　　一个人的精神史就是一个人的阅读史。人在各个阶段都离不开阅读，各个领域的提高更是需要阅读相伴。阅读能够增强孩子的理解力和智力。父母在平时生活中要注意引导孩子多读书、爱读书，从书里找到乐趣。在家中，父母要为孩子营造良好的阅读氛围，自己看书的同时也要在闲暇时经常和孩子讨论读书的心得体会。这样不仅可以使孩子养成良好的独立阅读习惯，还能通过阅读拓宽孩子的知识面，开阔孩子的视野，陶冶孩子的性情。

中学生精力旺盛，又处于长身体、长知识的阶段，良好的生活习惯是确保其顺利、成功渡过中学阶段的一个重要基础。为了达到身心健康的目的，从孩子一进中学起，父母就该切实重视这个问题，培养孩子良好的生活习惯，并防止其不良生活习惯的形成。

第二章

习惯：培养孩子良好的生活习惯

7. 帮孩子战胜惰性

不少父母会这样发牢骚："我女儿整天都很懒散，她上学去了，我眼不见为净，可只要她回家，我看到她做事情有气无力的样子就来气。一开始以为她哪儿不舒服，可她看起电视剧和漫画来倒是特别精神、相当专心。她的'懒病'就是在学习上，看书学习不是靠在沙发上就是躺在床上，作业总是一拖再拖，要她做的事情得反复催促才会勉强动一动。这种状态的学习，哪里有效率？这种样子的生活，哪像充满朝气的青少年？"

生活中，懒惰成性的孩子可不少。惰性不仅影响学习，更影响生活，还会对孩子将来的生活产生影响。

14 岁的小卓是一名初中生，他平时学习成绩中等，但最近几个月他的成绩出现了明显的下滑。老师和家长都发现，小卓在学习上变得非常懒惰，经常不完成作业，课堂上也经常走神，对学习失去了兴趣。经过了解，发现小卓最近迷上了一款流行的手机游戏，每天花费大量时间在手机上。他常常熬夜玩游戏，导致第二天精神不振，无法集中精力学习。此外，小卓还缺乏时间管理能力，即使有时间也不愿意花在学习上，而是选择看电视或和朋友闲聊。

为什么孩子会产生惰性？为什么会在生活中表现出懒散、无聊的状态？其实，这和家庭教育是密切相关的。如果孩子对父母存在严重的依赖性，什么事情都要靠别人来处理，在家依靠父母，在学校依靠老师、同学，到了社会上就依赖朋友，这种依赖性就是导致惰性的主要原因；而父母对孩子过分娇纵、凡事大包大揽，也使孩子从小就养成了"衣来伸手、饭来张口"的不劳而获的坏习惯。此外，父母本身就存在懒散的行为，又给孩子造成了不良影响，严重影响了孩子良好习惯的形成和良好行为的发展，更增加了孩子懒惰的概率。

那么，怎样才能帮助孩子战胜惰性呢？

◎ 培养孩子的自理能力。

不少孩子即使到了初中阶段，自理能力仍然很弱。许多父母认为孩子在进入中学之后学业重、功课多，就尽量把自己能考虑到的事情都帮孩子完成了，目的就是让孩子安心学习，不为任何外在事情所影响，孩子从小就缺乏独立自主的意识，习惯于父母打理自己的事情。所以，父母要立即摒弃"帮孩子"的错误思想，要明白：现在帮孩子其实就是害了孩子，孩子的事情就应当让他自己负责。在家里，要让他独立完成自己的生活起居，清理自己的物品、打扫自己的房间；在学习上，自己独立思考并独立完成作业。在心理上也要独立。父母要积极鼓励孩子独立思考，充分尊重孩子的意见和建议，即使孩子的决定考虑不周或不尽如人意，父母仍然要对孩子积极地想办法、提对策的行动表示肯定和赞许。

◎ 磨砺孩子的意志。

孩子一旦拥有了坚强的意志力，就能克服懒惰的坏习惯。父母可以指导孩子做一些需要长期坚持的事情。比如每天坚持晨练、写日记等，使孩子在阶段性的锻炼中意志力不断增强。当然，如果孩子半途而废，父母也不要斥责孩子，应当对孩子保持信心，鼓励孩子重新再来。其实，培养并磨砺孩子意志力，也是对父母意志力的磨练。"冰冻三尺，非一日之寒。"父母不要急于求成，要相信孩子逐渐养成的惰性必定会通过一点一滴的训练和加强得到消解，最终战胜惰性。

◎ 分享孩子成功的喜悦和快乐。

孩子需要不断被肯定，在不断的激励中获得前进的动力，并一步步发生良性的改变。父母要看到孩子的变化，更要分享孩子的快乐。只要孩子认真地完成了事情，即使最终的结果差强人意，父母也要肯定他的努力，使孩子对自己的能力有信心并自觉自愿地继续付出努力。为了做得更好更快，孩子还会在遇到问题的时候想方设法自己主动解决问题，这样，孩子不仅不会半途而废，还会展现出坚定不移的信心和决心，惰性自然被克服。

8. 在做家务中获得成长

有的父母担心孩子做不好家务，不仅不能帮忙，反而还会越帮越忙，于是孩子被父母"驱逐"家务现场。

许多父母在孩子小的时候舍不得让孩子做家务，也片面地认为家务活儿没有什么技术含量，一学就会了，孩子只要安心学习，以后长大了再学习如何做家务也不迟。可真等到孩子大了，父母需要他来分担一些简单省力而父母暂时没时间完成的家务活儿时，父母们却蓦然发现，即使教给了孩子做家务的技巧和方式，孩子学会了却不愿意动手了，因为孩子已经习惯于看父母做家务，只愿享受别人的劳动成果而懒得自己动手了。

更有不少父母认为，孩子进入中学之后，随着年级的增加，学习就会越来越紧张。而孩子正处在长身体的时候，在学校里上课、自习，要兼顾那么多门课程，已经很累了，回到家里就应该让他好好休息。父母们担心做家务占用了孩子的休息或学习的时间，会耽误孩子的学习，所以不让孩子插手，大人把家务全部包揽。

◎ 做家务并不会耽误学习。

对于孩子而言，父母让孩子参与家务能够提高孩子的自理能力。做家务不仅能使孩子对父母的依赖性有所降低，而且还能让孩子在紧张的脑力劳动之余得到适当的调节，更能使孩子通过帮父母分担家务活儿体会到父母的辛苦，变得懂事、体贴，拥有积极乐观的心态，乐于助人，身体素质也得到提高，当他走进社会时，也容易与人融洽相处。

所以，我们不要小看家务劳动对孩子的影响，而要清醒地认识到，做家务不仅不会耽误学习，反而还是一种调节剂，让孩子做家务是帮助孩子健康成长，可以增强孩子的做事能力、培养孩子的责任心，对孩子的一生意义重大。

◎ 让孩子享受做家务的乐趣。

父母让孩子分担家务时，要预先考虑一下孩子在做家务的过程中可能会出现的不良后果，提前做出预防，可以有效地把事态控制在自己的手心里，又不会剥夺孩子做家务的机会。父母总会担心孩子自己削水果会划伤手，担心孩子洗碗会摔碎碗……其实，这些担心都可以通过提前教授孩子一定的技巧得以化解。比如，在削水果的时候两只手如何配合，对苹果两头凹进去的部分如何处理；教孩子在洗碗时的一些固定的技巧性的手法、使用菜刀时如何控制力度和方向；炒菜的时候如何观察油温防止溅油等，这样具体的指导会大大降低孩子在做家务时受到不必要的伤害，更能使孩子在相对安全、顺利的状态下欣赏到自己的劳动给家里带来的变化，享受到做家务的乐趣。

◎ 不要盲目学习西方教育中"孩子做家务，家长付酬劳"的方式。

在不少西方国家，父母对孩子的要求是"要花钱，自己挣"，孩子靠给父母做"雇工"赚取零用钱。像著名的洛克菲勒家族，孩子们从小就会通过洗盘子、刷皮鞋等工作获取自己的零花钱。大多数欧美国家的孩子通过这种方式，从小就特别独立，自理能力极强，从小就养成了勤劳节俭的美德和艰苦自立的品格。

在我国，也有不少父母为培养孩子的独立能力，会安排些家务给孩子做，并以洗一次碗给 1 元，扫一次地给 1 元的方式让孩子用自己的劳动换取一定酬劳。但是，父母渐渐发现，以后只要让孩子干点活儿，他就会把手一伸，说："拿钱来！"当孩子不想要钱的时候，他还选择不做家务事，对父母说"我这星期的钱挣够了，所以你们自己去倒垃圾吧！"

为什么西方家庭教育中用这个办法能培养孩子的勤俭节约和财商，中国父母反倒把孩子培养成唯利是图的人了呢？

这正是由于片面理解孩子给父母做"雇工"的含义，笼统地认为孩子做家务就要给相应酬劳而导致的。父母不要盲目照搬西方教育中的"孩子做家务、父母付酬劳"的形式，而要根据现实的家庭状况把这种有偿劳动变得更加人性化、本土化。父母要让孩子自然而然地做家务，同时为想赚钱的孩子提供一个有薪水的特别家务事清单，清单内容应该是日常规定的家务事以外的特殊任务，如修理东西、擦亮鞋子、清洁冰箱等这种发生频率较低的家务活儿。这样把家务活儿进行"普通而必须"与"特殊有酬"的划分，孩子就会既能完成日常的家务活儿，又可以积极参与有偿的劳动，增加孩子做家务的兴趣。

9. 让孩子度过充实快乐的假期

对于初中孩子而言，放假是他们翘首以盼的事情。但是，孩子过好假期生活却不是一件简单的事情。初中三年时间短暂，为了能取得好的学习成绩升入好的高中，很多父母都会为自己的孩子安排一个又一个培训班、补习班，使原本应该放松和休整的假期失去了意义。也有些父母对孩子采取了"放羊"政策，对孩子的假期生活关心不够、听之任之，以至于孩子患上了"假期综合征"。如何让孩子度过一个愉快而充实的假期，这里给父母们提出以下几点建议：

◎ 不要把假期变成孩子的"第三学期"。

不少父母常常会在放假第一天就在孩子的耳边唠叨："就算是身体放假，心也一定不能放假啊！这现成的假期一定要好好利用，把功课补扎实，下学期一定要赶上啊！别以为初中有三年，这三年快着呢！一晃眼就毕业了，再不抓紧就来不及了！"这种"孩子不急，家长急"的情况在有初中生的家庭中普遍存在，父母往往见不得孩子闲着，看到孩子看了一会儿电视就指责孩子"浪费时间"，知道孩子打一会儿游戏更是怒斥孩子"不争气、没有危机意识"。于是，诸如舞蹈、绘画等兴趣班被父母陆续撤掉了，转而为孩子补充上语文、数学、英语、物理、化学、生物等各学科的补习班，把假期实实在在地变成孩子的"第三学期"。

学习是要讲效率的，与其每时每刻都手捧书本却看不进去，还不如该放松时放松，该学习时学习，这样才能让学习时的每一分钟都有效率。父母不妨让孩子保持自己的兴趣，假期里更要允许孩子循着自己的兴趣去进行选择性地学习。

◎ 要和孩子一起制订假期生活作息时间表。

对于初中生来说，假期作业其实并不多，可每年都有家长说自己的孩子那么长的假期都完不成作业。而更多的家长则会抱怨自己的孩子玩了一个假期好像变了个样，以前早睡早起的习惯一到假期就消失殆尽了，平时规律的作息时间经历了假期之后就变得黑白颠倒、昼夜不分了。为了有效地改变孩子这种不健康的假期生活状态，父母必须为孩子制订一份假期生活作息时间表。让孩子参与制订，不把父母的意见和安排强加给孩子，和孩子一起商讨、合理安排。父母要根据孩子的年龄、兴趣爱好和学校的要求等，协助他们把假期时间做一个明确而合理的分配，让孩子知道什么时间该做什么事，这样可以有效地改善孩子没有规律的生活方式。

假期生活作息时间表既能方便父母督促和管理孩子，又能使孩子的假期生活过得充实、有规律。当然，这个时间表并不是一成不变的，而是可以根据孩子的实际情况进行调整的。由于是孩子自己的意愿，所以在执行时间表时能保持一定的积极性。时间表制订之后，让孩子完全自觉遵守规定不太可能，父母可以和孩子一起共同遵守，相互督促，间接地促使全家人的生活都变得健康而有规律，未尝不是一件圆满的事情。

◎ 积极预防"假期综合征"。

不难发现，每年假期过后，不少孩子都会出现生物钟失调、精神萎靡、身体发胖、视力下降等症状，这些都是人们常说的"假期综合征"。这种病征并不是典型意义上的疾病，而是由于孩子在假期里作息不规律、生活过分随意、饮食无节制、长时间上网看电视等引起的紊乱性症状。

为了让孩子避免出现这些不良"症状"，父母在假期里要督促孩子坚持健康的生活方式，引导孩子有规律地生活，合理安排好娱乐、学习、休息的时间，既不能把假期变成学校生活的延伸，也不能完全听凭孩子随心所欲。在假期中，要让孩子积极参加实践活动、接触社会、增加阅历、锻炼人际交往能力，不要整天待在家里学习或闷头睡觉。父母不妨提醒孩子利用假期时间多读一些好书，既增长孩子的知识，又可培养孩子的阅读兴趣。孩子的阅读习惯一旦养成，对他终生都会有很大的益处。

必须值得注意的是，父母一定要适当引导孩子正确对待网络。假期里，很多父母都担心孩子痴迷网络使视力受到影响，也怕孩子沉迷网络难以自拔，即使开学了也很难顺利恢复到正常的学习状态中，更怕孩子通过网络受到不良信息的影响。对此，父母要做的就是引导并教育孩子正确对待网络，告诉孩子上网做什么，同时也要让孩子认识到"网瘾"的危害，提醒孩子该学习的时候要认真学习，该放松的时候可以上网，但必须控制好时间。

◎ **要注意培养孩子的自我保护意识。**

由于缺乏自我保护意识，几乎每年寒暑假期都会有孩子在各种事件中受到不同程度的伤害，所以，父母在假期里一定要对孩子进行安全教育，让他们认识到自我保护的重要性。父母可以通过具体的事例或指导使孩子明白并学会一些自我保护的知识和要领，使他们自觉做到不去危险的地方玩耍，不跟陌生人外出，不玩火玩电，等等。

只要父母从生活、学习、活动等各方面对孩子进行科学引导，孩子的假期生活一定会过得充实快乐而有意义。

10. 帮孩子树立正确的消费观

一位妈妈这样说起她的女儿："记得孩子读小学的时候，我们给她买文具的钱她都用得很节省，买了铅笔橡皮剩下的钱哪怕只有几毛也会交回来。可上了初中以后她就渐渐变了，不仅经常开口要钱，而且胃口越来越大，买衣服要钱，同学生日要钱，圣诞节、万圣节要钱……她张口要钱特随意，好像我们的钱是立等可取的。她看到别的同学买了新书包，马上就要求也买一个。看到别家买了一辆车，很快就想家里也买一辆。她对钱好像没有概念，好像买车这种事情就和去农贸市场买菜一样便宜又容易。"

孩子没有正确的金钱观念，这在现在家庭中并不少见。不少孩子把父母给的零用钱用在买书、周末和同学外出游玩、偶尔宴请同学"搓一顿"等，再加上女孩子总喜欢买漂亮的饰品，男孩子也以外在"行头"互相攀比，图虚荣、讲排场，没钱就向父母伸手要，从不考虑父母的艰辛和赚钱的不易，不仅没有正确的理财消费观念，更不具有自食其力的意识。种种现象反映出孩子理财意识、技能的缺失和低下，消费观念的偏颇和失衡。这不仅不利于孩子的自身发展，而且对家庭和社会也会带来负面影响。

父母应该让孩子从小就端正金钱观，懂得金钱需要用劳动才能获得的道理，要学会节约用钱，不能挥霍无度。为了让孩子拥有一个成功的人生，父母应该有意识地帮孩子树立正确的理财消费观，注重培养孩子自主理财的能力。

◎ 树立正确的金钱观。

金钱是我们生活的重要组成部分。为了避免孩子在金钱问题上产生偏差甚至错误的理解，父母在生活中就要积极培养孩子的主动性，让孩子从小学会利用资源追求自己的人生目标，并教孩子一些理财的技巧，让他学会记账、比价、讨价还价、量入为出……使孩子在自由支配金钱的快乐中不知不觉学会理财技巧。

父母应该教导孩子，物质和金钱能够使人产生幸福感和满足感，而这些感觉更多的是来自精神世界而不是单纯的心理体验。父母要教导孩子用行动帮助有需要的人，让孩子切身体会到钱不仅可以带来物质享受，当用自己的钱去帮助别人时，会拥有更多的快乐和幸福。

◎ 培养孩子正确的理财习惯。

许多孩子在平时会得到一些父母或长辈给的零花钱，逢年过节还会收到"压岁钱"，久而久之，手中也会有一笔不小的存款。父母可以建议孩子设置消费"小账本"，帮助孩子理解支出、存款、收入等概念，教孩子把收入和支出一笔不漏地登记在册，并在固定时间和孩子一起分析总结。

父母也可以为孩子办理储蓄卡，引导孩子坚持储蓄，在没有必要花费时不要随便动用卡里的钱。为了使孩子能够坚持正确的理财习惯，父母可以采取允许把零用钱的一部分用于买零食等消费作为鼓励的方式，使孩子在有"甜头"的情况下自觉储蓄。

父母还可以为孩子选择一些合适的理财方式。目前，市面上针对孩子的理财产品很多，关于孩子的保险品种也不少，父母可以指导孩子在条件允许的前提下参与一些适合自己的理财方案，这样不仅能使孩子养成储蓄的习惯，还能让孩子在理财活动中学到经济知识，使财商得到增强。

◎ 训练孩子有计划地用钱。

在传统教育中，父母常常只是教育孩子如何省钱、存钱，而不会教孩子怎样花钱。在现代社会，孩子如果在金钱面前不知所措或是花钱大手大脚毫无规划，都是非常不好的。所以，家长不仅要教孩子"存"钱，更要教孩子如何"用"钱。在教育孩子养成勤俭节约习惯的同时绝不是禁止孩子花钱，而是要孩子学会怎样用才能把钱用在"刀刃上"。

孩子见到新鲜东西就想买，看到别人拥有的东西自己也想拥有，这是很正常的心理现象。这种欲望一开始是无意识的，但如果父母不注意反而纵容、迎合，就会使孩子的不良欲望日益膨胀。在这种情况下，父母要教会孩子有计划地花钱，适时控制孩子的欲望。

比如，父母每周给孩子10元零用钱，孩子觉得不够用的话父母也不要补足，而是要告诉孩子用钱要有节制，什么钱该花，什么钱不该花，得考虑清楚，使孩子明白，要买自己非常喜欢而价格比较昂贵的东西时，必须控制自己一时的冲动，不要把钱花费到无关紧要的地方，而是应该努力攒钱并且耐心等待。等到孩子如愿以偿的时候，欣喜和激动会让孩子十分有成就感，而这样得来的东西才会被孩子保护、珍惜。

11. 富有不是浪费的借口

现在的父母为了孩子的将来不惜花费巨资投入在各种早教课程、为孩子购置益智玩具或书籍、带孩子出门旅游增长见识等，竭尽所能为孩子提供更好的教育环境。但是，孩子却并不领情，不仅不珍惜父母为他们提供的成长机会，反而对不合胃口的饭菜抵触，甚至起身就倒掉；父母买的衣服不合心意就拒绝穿；把长短合适、干净整洁的旧衣服扔掉，央求父母买新的；对学习用品不爱惜，坏了就跟父母要钱买新的……

孩子"衣来伸手、饭来张口"，父母对孩子的要求有求必应，可孩子生活在优越的环境中却不知道珍惜，随意浪费。俗话说："由俭入奢易，由奢入俭难。"孩子一旦开始铺张浪费，就会一发不可收拾，所以，父母要对孩子进行及时教育和积极的引导，让孩子形成节俭的好习惯，远离浪费。不管家庭经济方面有多么宽裕，父母也要限制孩子的不良消费，让孩子懂得富有并不等于可以随意浪费，节俭与贫穷无关，更不是与富裕相对立。

◎ 给孩子树立节俭的榜样。

父母的行为直接影响着孩子的行为。父母要在各个方面尽量做到节俭，能用的东西不扔掉，能吃的东西不倒掉，给孩子树立一个好榜样。父母一旦发现孩子有随意浪费的行为，首先就要反省自己，从自己身上找原因，检查一下自己是否有铺张浪费的情况：如果有，不仅在教育孩子的时候没有说服力，还会使孩子对父母失去尊重与信任；如果没有铺张浪费的情况，就要以自己的感悟作为教育孩子的最佳课本，通过一些真实发生的事件触动孩子的心灵，让他对自己的浪费行为有正确的认识，并改掉这个习惯。

◎ 让孩子参加家务劳动。

父母不要以"做家务会浪费时间，会耽误孩子学习"为由剥夺了孩子作为家庭成员必须要承担的义务和责任的履行。要让孩子参加家里的家务劳动，和父母一起做一些整理性的活动。只有让孩子充分体验到劳动的辛苦，才能发自内心地珍惜劳动的成果，这比父母苦口婆心地说教的效果要好得多。

如果孩子想购买新文具，父母不要轻易答应孩子的要求，要教育孩子以做家务、帮父母分担等形式为自己赢得更多的零花钱来，从而购买自己心仪的文具。

有的父母不仅会问："如果孩子做家务挣钱，那是不是让他做任何事都要付工资他才肯动？"其实这是误解孩子给父母做"雇工"的含义和意义，歪曲了人们对它的认识。我们可以不按照"计件工资"的方式给孩子"工资"，而是按照孩子在一天内或一周内的表现或能力给孩子以奖励性的礼物，这些礼物可能是钱，也可能是孩子梦寐以求的玩具，更有可能是孩子幻想过的一次短途旅行。父母们不要拘泥于奖励的形式，对于孩子来讲，他的劳动被认可、被肯定了，就是一件特别重要和值得骄傲的事，如果能有所鼓励或奖励，那就再好不过了。

◎ 在生活细节中灌输节俭的道理。

父母可以给孩子讲一些关于节俭的典故或寓言故事，比如"躬行节俭"等。在生活中不妨和孩子把旧衣服、旧书本或是废旧的瓶子等收集整理，卖掉的钱可以存起来自己购买学习用品或是捐助给贫困山区的孩子。父母还可以指导孩子利用废旧物品"变废为宝"，比如把旧的凉鞋修剪成凉拖鞋，利用厚纸壳做存钱罐、把易拉罐剪成烟灰缸或花篮、把旧裙子改造成布娃娃等。这样既可以培养孩子节约的习惯，又是一种手工劳动练习，更让孩子充分发挥想象力把废旧的物品再次变成有用、新奇又好玩的日常用品，可谓一举三得。

12. 拥有自制力才能更接近成功

我们先来看看这个著名的"糖果效应"：

心理学家戈尔曼对孩子们说："你们每个人的桌上都有两颗糖果，如果你现在吃，就只能吃一颗糖。但是，如果你能等我回来后再吃，这两颗糖就都归你了。"说完后戈尔曼就径直出去了，留下孩子们待在房间里。

在戈尔曼踏出房门后不久，一些孩子就迫不及待地抓起了桌上的糖果吃了起来。而有一些孩子，虽然心里很难受，但还是选择等待戈尔曼回来，因为他们希望得到两颗糖。在戈尔曼离开的这 20 分钟的时间里，这些控制了自己不伸手拿糖的孩子们或闭眼不看、或抱头休息、或喃喃自语，虽然有的孩子最终没有抵制住糖果的诱惑，但他们中的部分人终究还是等到了戈尔曼的返回，如愿得到了两颗糖。

经过 12 年的追踪，心理学家发现，那些抵制住了糖果诱惑的孩子们，学习成绩明显较好。长大后都有较强的自制能力，适应性、独立性强，乐观而自信，不会轻易向困难低头；而那些抵制不住一颗糖诱惑的孩子，学习成绩要相对落后，遇到压力就

　　　　畏缩不前，自尊心很容易受到伤害。长大以后常常

出现多疑、妒忌、神经质、任性的问题。

　　这种从小时候的自控、判断、自信的小实验中能预测出孩子长大后个性的效应，就叫"糖果效应"。

　　虽然孩子逐渐明白事理，可毕竟受年龄和心理的限制常常控制不住自己的想法，常常只顾眼前利益而放弃了坚持与克制。孩子的人生道路很长，一路上要面临的各种诱惑很多，如果仅仅满足当前的需要，往往就失去了真正的目标。

　　现在的家庭中，大人们都对孩子有求必应，孩子不仅在行为上"独"，在思想上更是"独"，他们头脑中的思维定式就是：最好的都是我的，我想要什么就必须马上得到。大人们对孩子的百依百顺也在很大程度上使孩子的这种以自我为中心的思想不断得以巩固和加强。这样的孩子不懂得谦让、更不懂得克制，自制能力很差，什么都由着自己的性子来，随自己的喜好做事，毫不顾及别人的感受或需求，做事情或学习也常常浮于表面，冲动而盲目，不能很好地沉下心来管好自己的身心，不仅学习成绩不佳，人际交往也常常陷入僵局。

　　为了让孩子在生活和学习中能够拥有持久的专注和耐心，父母应当积极培养孩子的自制力，让孩子学会控制自己的欲望，让孩子明白：等待和自我控制之后能够获得更多回报。

◎ 父母要做孩子的榜样。

有的父母自己就缺乏自控能力，没有给孩子树立良好的榜样，孩子必然也不会是一个自制力强的人。比如，有的爸爸向全家宣布要戒烟，可几天之后实在忍不住又偷偷开始抽烟，甚至比以前吸得更频繁，这样出尔反尔的行为必定会让孩子觉得大人都说话不算话，连自己一向崇拜的"超人爸爸"也禁不住香烟的诱惑，自己肯定也不能控制住想吃糖的想法。

父母除了要以身作则，在孩子面前表现出超强的自制力之外，还要对孩子信守承诺，如果父母对孩子许诺："你在换牙，如果你能坚持这个月不吃糖，我就会送你那套你一直想要的漫画书作为奖励。"但在孩子艰难地挨过一个月之后，父母却像得了健忘症一样绝口不提这件事，孩子就会感到后悔："早知道这样，我就不相信他们了。"孩子有了这样不愉快的经历，以后也不愿意轻易相信别人了。所以，父母一定要对孩子信守诺言，答应孩子的事情一定要做到；不能做到的，就不能随意答应，不要轻易许诺。

◎ 正确判断孩子的需求。

作为心理学概念的"延迟满足"就是自制能力的体现，不是单纯地让孩子学会等待，也不是一味地压制孩子的欲望，而是一种克服当前的困难情境而力求获得长远利益的能力。父母要充分理解并灵活运用"延迟满足"的方式来锻炼孩子的自制能力，必须了解并不是孩子的所有需求都必须延迟一定时间才满足，而是要对孩子提出的需求有正确的判断，果断地决定哪些需求是可以立刻满足的；哪些是需要给孩子一定考验的，需要孩子等待的；而哪些是根本就不能满足的。

◎ 对孩子进行一定的自制训练。

自制能力是在日常生活和学习中善于控制自己情绪和约束自己言行的能力。培养初中阶段的孩子的自制能力，如果只是一味地说教，效果并不理想。玩是孩子的天性，作为父母应该尽可能地为孩子创建丰富的活动平台和游戏内容，让孩子在玩耍当中强化认识、获得体验，逐渐形成一种良好的行为习惯和意志品质。

为了在家庭中对孩子进行自制力训练，父母可以引导孩子在个人需要、学习目标、游乐时间、承诺、个人情绪等五个方面加强锻炼。

第一，锻炼孩子个人需要的自控力。每个孩子都希望尝试自己感兴趣的事情；都希望得到别人的关注和赞扬；都希望在身处逆境或困难时得到别人及时有效的帮助，这些都是孩子的内心需要。父母可以根据孩子的特点教给孩子一些看似"不可能完成的任务"，或者和孩子互换角色，让他体验为人父母的责任和艰辛，通过完成任务和角色体验让孩子获得小小的满足感和成就感，有效地点燃孩子的内心渴望。

第二，锻炼孩子完成学习目标的自制力。目标是内需的具体化、明确化的体现，父母要在日常的生活中引导孩子从实际出发制定现行的目标。给孩子定一些"跳一跳就能实现"的目标，让孩子尝到"甜头"，也指导孩子根据自己的需要设立努力的目标，并学会分解目标之后一步步地去实现。比如，有的孩子总是不会收拾自己的学习用品，那么，父母可以让孩子为自己拟定"学会整理内务"的目标，引导孩子这个星期学习收拾书本文具并坚持下来，下个星期整理个人房间，这样一步步地使孩子不断得到锻炼并获得成就感。坚持一段时间后，孩子自然会养成善于收纳的良好习惯。

第三，锻炼孩子对游乐时间的控制能力。会珍惜时间、善于利用时间的人往往具有较强的自制能力。而那些自制能力差的人往往不守时、不惜时。父母要教会孩子合理有效地利用时间，让孩子根据自己的方式或原则安排个人活动，使孩子确立"什么时间做什么事情"的思想。

第四，锻炼孩子对承诺的自控能力。说到做到、言出必行的人往往自制能力很强，会为了自己的一句承诺而付出全部的努力。父母要教育孩子言而有信，认真履行对别人的承诺，逐渐学会自我调控。

第五，锻炼孩子对情绪的自制能力。善于控制情绪也是自制力的一种表现。一个会控制情绪的人不会因一时的失败而垂头丧气失去前进的动力，也不会因一次胜利而好高骛远做出脱离实际的判断。父母要关注孩子的情感变化，随时做出相应的指导，引导孩子学会调整自己的想法，学会调节情绪。

与小学生相比，初中生的学习方法显得更
加多样和复杂，因此，教孩子掌握正确的学习
方法，让孩子养成良好的学习习惯，是孩子学
习成功的必经之路。

第三章

学习：
教孩子正确的学习方法

13. 帮孩子消除厌学情绪

　　父母们都希望自己的孩子能够珍惜学生时代的美好时光，勤奋好学并且学有所成。但事实证明，不少孩子存在"厌学情绪"，而且，这种"厌学情绪"不仅存在于那些成绩中下等的孩子身上，很多父母、老师眼中的优等生也时常处于对学习毫无兴趣，甚至认为学习很痛苦的精神状态。

　　　　小静进入中学后，成绩一直都是中等。父母对小静时常鼓励，虽然没有明确要求小静必须达到怎样具体的标准，却不时地提醒小静："你读这个初中花了我们不少钱，你要好好珍惜啊！"要强的小静在心里暗下决心，一定要努力用自己的成绩证明给父母看，他们的钱没白花。

可是事与愿违，不知是学习方法不正确还是小静的心理压力太大，小静的期末考试一败涂地，还有一门挂科了。虽然父母并没有过多地责怪小静，但言语中恨铁不成钢的话语让小静非常难堪。

自从期末考试后，小静不想上学了，即使坐在座位上听老师讲课也是心不在焉，回家后更是什么都不想学，作业也不想做。妈妈问她怎么了，她也不愿说。

看到被厌学情绪折磨得日渐消瘦、整日如行尸走肉般的女儿，爸爸妈妈特别焦急。

孩子出现厌学情绪一直以来都是父母们难以接受又很难处理的问题。

厌学就是讨厌学习，并且借各种理由想方设法逃避学习。即使在父母或老师的重压之下勉强坐在书桌、课桌前，孩子也是无精打采、心不在焉，人在课堂上而心却早已不知道飞到哪里去了。也有不少孩子，一谈到学习就情绪低落，可一说到电脑、游戏、电视剧就兴致勃勃。孩子的这种不正常状态既让父母深深担忧，却又无计可施。

要改变孩子的厌学情绪，最为重要的是找到令孩子产生厌学情绪的原因，才能够对症下药让孩子重新恢复到正常的学习状态中。

　　一般情况下，孩子产生厌学情绪，往往是父母对孩子的期望过高，不关注孩子的学习过程，不肯定孩子的努力勤奋，只关心最终的考试成绩，这些都让孩子感到了巨大的压力。像故事中的小静，她的父母虽然没有明确而刻意地表示自己很在乎女儿的成绩，但在言谈中不时以"为了你进好中学出了很多钱""为了培养你花费了我们很多时间和精力"等作为教育女儿、激励女儿的砝码。可父母并没有意识到，这样的砝码不仅不能激励孩子进步，反而会给孩子的心理造成巨大的压力，孩子会把学习看作是"报答父母"或是"为了父母而学习"，学习成绩好是对父母的报性；而一旦考砸了，成绩下降了，就会让孩子感到自己对不起父母的养育之恩，心生愧疚。这样的学习动机和学习状态，很显然是不正常的。要知道，孩子的学习应该是积极而自主的，是发自内心的自我激励，不是外界的鼓吹、逼迫或强求。

　　除了父母的期望过高、学习压力大之外，孩子厌学还可能是因为学习动力不明确，孩子不知道为何学习，不明白通过学习可以改变现状的道理。此外，父母对孩子过度保护，也会使孩子失去锻炼的机会，心理承受能力减弱，对一些成长过程中遭遇的挫折和问题难以招架；在集体生活中很难找到自己的正确位置，从而失去信心，产生畏惧上学或厌恶学习的心理。

了解了孩子产生厌学情绪的原因，父母可以有针对性地采取相应的措施，帮助孩子消除厌学情绪。

◎ 对孩子适当降低期望值。

不少孩子产生厌学情绪是因为父母对他的期望值过高，让他难以承受，如果父母对孩子下达硬性指标"这次期末考试必须要进前十名"或者"每科都必须在 90 分以上"，孩子自忖能力有限或难以达标，面对这样高不可及的期望，孩子只得临阵脱逃，产生消极厌学情绪。所以，父母也要了解孩子的学习状况，不能为孩子制定虚高的奋斗目标，要和孩子进行沟通，了解孩子的困难，帮孩子制订切实可行的计划。对于学习成绩不好的孩子，不能盲目地与其他人相比较，要尝试引导孩子跟自己的过去进行比较，发现孩子有进步就要及时鼓励，巩固孩子的爱学之心。在平时，可以多就学习方法和孩子进行探讨，了解孩子学习吃力的薄弱点，并有的放矢地提出相应的学习指导。

◎ 多鼓励，少批评，更别对孩子进行心理折磨。

孩子想学，也努力过，可最终的结果却不尽如人意，无法达到父母的要求，很容易导致孩子心理产生自卑感，进而对学习产生畏难情绪。如果父母在一旁虽然不打不骂，但却在言语中冷嘲热讽或是说一些反话，孩子更会认为："我已经努力过了，可还是那样差，或许我真的很笨！"从而出现厌学情绪。

父母要看到孩子努力学习的过程，用话语、轻抚、会心的微笑对孩子的正确行为加以强化，并和孩子一起分析努力而无所获的原因。在孩子考试成绩不理想的时候，更要让孩子感受到父母的关爱，促进孩子认真分析试卷，找出错误原因，协助孩子找到解决问题的办法。

◎ 鼓励孩子克服困难。

不少孩子出现厌学情绪是因为被学习中遇到的困难所打击。父母要注意和孩子在日常生活中的沟通，主动了解孩子在学习上的困难，避免一时的小困难在多次被忽视后像滚雪球一样越滚越大，变成难以处理的大麻烦。

父母要帮助孩子及时调整或改变学习方法和固有的学习思维模式，引导孩子尽快从消极的情绪阴影中解脱出来，对于一些并不需要迫切解决的困难，不妨建议孩子暂且搁置一边，等积蓄了足够知识和能量之后，时机成熟时再处理，这样可以使孩子尽早脱离消极情绪带来的挫败感，缓解目前的学习压力，更能有效遏制厌学情绪的蔓延。

14. 孩子偏科别下"猛药"

诺贝尔化学奖的获得者奥托·瓦拉赫读中学的时候，他的父母一心希望他走文学道路，于是，为他选择了文学方面造诣很高的老师。可一学期之后，老师不禁摇头说："他很用功，但过分拘泥，在文学上缺乏灵性，可能不太适合走文学道路。"

没有办法，父母考虑了许久，决定尊重儿子的兴趣，让他改学油画。可瓦拉赫在构图、用色方面依然找不到感觉，对艺术的理解力也不敏锐。老师无奈地说："他很努力，但他在绘画艺术方面表现的素质不敢恭维。"

老师的评语一次次打击了瓦拉赫和他的父母，父母正在为他焦急难过时，化学老师却从这个成才无望的孩子身上发现了闪光点：做事严谨、耐心而专一，具备做好化学实验的基本素质，于是，老师建议他改学化学。果然，瓦拉赫在改学化学之后仿佛变了一个人，身体的所有潜能都被激活了，在化学领域不断勇攀高峰，最终获得了诺贝尔化学奖。

父母或文学老师、油画老师在瓦拉赫表现出成绩差的情况下，没有立即采取强制的填鸭式学习方式提高瓦拉赫的学习成绩，而是在尊重瓦拉赫的前提下做出调整，找到他的兴趣所在和特长所在，使他在自己特长范围内专心学习，最终发挥出主动性和创造性，取得了令人瞩目的成绩。

我们都知道，不少孩子都存在偏科现象：孩子只喜欢某一门功课，而且这一门课上得十分认真，成绩也特别好，甚至在全班、全年级乃至全校名列前茅。可是，其他功课却差得一塌糊涂。

孩子为什么会出现偏科呢？孩子偏科，有时是个别差异所致。一些孩子就是对某些科目特别不感兴趣，从开始学习时就不能很好地进入状态，所以会出现偏科较为严重的情况；还有的孩子由于外界因素的影响。比如，出于对教某门学科教师的不满而不愿意投入更多的精力来学习这门功课，或者受到教师非故意的批评或提醒而感到泄气，从而导致了偏科情况的出现；还有的孩子由于在某一学科上所花费的时间与精力不足，成绩始终不尽如人意而导致了孩子不喜爱那门科目而造成了偏科。

面对偏科的孩子，一定别下"猛药"，别想着有针对性地突击强化、填鸭式地补课，而要对孩子的偏科原因有所了解，然后制订出适合孩子的补缺计划。

◎ 鼓励孩子积极调整心态，防止偏科更深一步地发展。

有的同学认为"天赋较差""从小不感兴趣""基础一直很差""讨厌背诵和记忆而不愿学文科"；有的则是因为"听不懂老师讲的内容，感到乏味、难学"，由于一项成绩不理想就失去了学习这门课的兴趣和自信心。有偏科现象的孩子往往一见到那门科目，就感到紧张、害怕，不自觉地就想着逃避，对自己信心严重不足，认为无论自己多么努力，在这门科目上仍然不能得到很好的回报。父母要特别关注孩子的这种偏科心态，鼓励孩子勇敢面对。

爱迪生曾经说过："去做害怕的事情，害怕自然就会消失了。"父母要鼓励孩子调整害怕与逃避的心态，勇敢地去面对困境，以蚂蚁搬家的方式获取阶段性的小胜利，迈出一小步，让无数个一小步变成一大步。

◎ 鼓励孩子把暂时的偏离看作回归前的蓄力。

对于因为外界原因而造成的对学科不感兴趣，导致偏科情况的孩子而言，父母不妨鼓励孩子换个角度来思考，把暂时的偏离看作一种积蓄能量的过程，如同射箭一样，要先往后使劲才会有很强的冲击力。父母可以告诉孩子，某个学科的老师不喜欢他，总是给他负面刺激，导致了他对这门学科的学习渐渐失去了兴趣，我们完全可以把老师的不信任和贬低看作动力。如果把这门功课学好了，或者只要能超过了这个任课老师的期望值，就足以令他大跌眼镜，觉得自己的判断力出现了问题，为自己争了一口气的同时更会获得那位老师的敬佩和尊重。"反正他已经认定你这门课怎么考都是那样了，何不考个好成绩给他看看，证明他是错的呢？"这样的激将法能够使孩子心潮澎湃，愿意努力学习只为扭转老师的片面看法。

◎ 多分配时间和精力在偏科的学习上。

有些孩子之所以出现偏科，就是因为他自己不努力。父母要指导孩子认清形势和自身的学习状况，让孩子把学习的时间多分配一些到那些弱科上面，确保在精力充沛，注意力集中的时间段进行偏科学习，以提高学习效率。

◎ 养成"今日事，今日毕"的良好学习习惯。

不少孩子偏科正是由于不注意学习中的小问题而使问题像滚雪球一样越来越大，最后拖垮了成绩也击垮了学习那门课程的信心。所以，父母要提醒孩子当天学习的内容，一定要当天复习，绝不留到第二天，避免当天的学习问题没有得到及时解决，日积月累到无从下手的程度。所以每天的复习相当重要，只有复习了，知识不断得到强化，知识结构得以平衡，偏科的现象才会大大减少。

也许会有孩子觉得这一点自己也做到了，自己也是每天复习，可为什么还会偏科？其实，很多孩子是自认为学透彻了，自我感觉良好，可遇到问题时却发现自己解决不了。所以，父母要督促孩子认真复习，对课后练习和老师布置的作业认真书写，在练习中强化已有的知识，以自评的方式使学习状态得到检验。有了自我检验的利器，孩子才能够发现"这个公式我记得很清楚，可用起来却不太容易。""这篇古文我已经背得滚瓜烂熟，可里面的一字多义的具体用法还不太明白。""这个单元的单词我也默写了好几遍，现在才发现动词的时态和名词的复数形式还有些混淆。"只有通过练习，孩子才能在实战中发现问题；只有通过检验，孩子才豁然明白：自己捧着书本、盯着书页的复习方法简直糟透了。

15. 协助孩子制订合理的学习计划

"凡事预则立，不预则废。"这句古语说的就是不论做什么事，事先有准备，就能得到成功，不然就会失败。学习也不例外。合理可行又切合实际的学习计划是提高孩子学习成绩的行动指导路线，是帮助孩子规划学习细节的有力助手，所以，制订合理的学习计划就等于为孩子找到了迈向成功的阶梯。

小齐的妈妈听别的妈妈传授孩子的成功经验，了解到让孩子为自己制订学习计划的重要性，于是，妈妈就让小齐学着自己制订计划。

小齐的计划很快拿出来了，可妈妈接过来一看，不禁傻了眼：这哪叫什么计划？晚上6点吃饭、7点半看电视、8点做作业……这哪是什么学习计划？分明是作息时间表嘛！

妈妈不禁嗔怪起小齐来。小齐也很委屈："我不知道学习计划怎么做啊！妈妈你帮我嘛！"

可妈妈也犯难了，她也不知道怎么帮小齐制订一个看起来详细而又有实际作用的计划。于是，妈妈决定上网查找相关资料，学学别人是怎么做的。

"学习计划要越细致越好。什么时间该干什么事，具体怎么做？是预习将要学习的知识，还是复习前天或当天的要点？预习将要学习的知识是泛泛地浏览，还是着重关注某些具体知识点？在预习时具体采用听录音，还是做笔记的方式？……"

看了别人在网上的建议和意见后，妈妈协助小齐一起制订了适合小齐现状的学习计划。有了那份量身定做的学习计划，小齐每天的时间都规划得很好，学习效果显著，也玩得很尽兴。

一份完整的学习计划能够帮助孩子明确自己的学习目标，能够促进孩子合理地规划时间，更能增强孩子学习的主动性、自觉性和积极性，促进学习效率的不断提高。

具体说来，父母在协助孩子制订学习计划时，可以引导孩子充分考虑一些学习计划中的要素，比如，为什么学习、学习为了达到什么目的、自己的个性特点、基础水平、学习能力、学习风格等是什么，在学习中需要获得怎样的帮助，可以采取什么样具体有效的学习方法和措施，等等。只有把这些要素都考虑进去，一份学习计划才是完整而实用的。

那么，父母如何协助孩子制订合理的学习计划呢？

◎ 结合孩子的个体差异性，量身打造独一无二的学习计划。

每个孩子都有自己独特的学习习惯和生活方式。父母要明白，别人的成功教子经验不一定就适用于自己的孩子，别家孩子晚饭后就睡觉，到凌晨起床开始学习的作息习惯并不一定适合自己的儿女。所以，父母要让孩子通过实践找出适合自己的学习时间，了解自己的学习习惯，找出自己学习能力最强、接受理解能力最稳定、思维最为活跃、注意力最为集中的时段用于学习。

◎ 制订可行度高的计划。

有的孩子制订的学习计划可行度太低，主要缘于学习计划的要求过高。同时，不切实际的计划很难完成，也很容易引起心理焦虑和恐慌，甚至产生自卑感。

不少父母常常发现，孩子虽然制订了学习计划却往往无法落实，不能正常执行，究其原因正是因为计划拟定得太过理想化、要求虚高不切实际所致。所以，在孩子制订学习计划时，父母要提醒孩子一定要根据自己的实际情况，不要太过在乎别人的外在影响，要让孩子明白，计划是做给自己看的，是约束自己的，不是为了好看或向别人炫耀而做的"形象工程"。

◎ 计划要有灵活性。

有的孩子在为自己制订计划时，详细规定了 8 点起该做什么，9 点该做什么，一旦有突发事件或作息时间链条发生断裂，整个计划自然出现全盘崩溃的局面。比如，孩子因为参加家庭大扫除耽误了时间，原定在晚上 7 点开始的读书计划被迫推迟到 8 点进行，而原定 8 点开始的锻炼也只能后延。孩子要按照当天的计划完成所有事项，只能凌晨才能上床睡觉。这样的计划还有什么合理性呢？如果单纯为了执行计划，硬要让参加了运动会而备感疲倦的孩子必须做完十道题才能睡觉，那无异于削足适履。

所以，学习计划要有灵活性，要根据实际情况和执行计划中的体会做出相应的变动。当然，计划不能一成不变，也不能变动频繁，如果把任何情况都归咎为例外而随便变更计划，那么计划就形同虚设。所以，计划既要灵活又必须遵循基本不变的原则，在开始制订时就要把可能出现的意外考虑进去，在时间和事项安排上留有余地。

◎ 计划别太多、别太满、别太杂。

有的父母认为，学习计划一旦出台，就必须执行。出于爱子之心，孩子的一天被安排得满满的，导致孩子身心疲惫，更会在父母的监督下失去学习的兴趣，学习效率自然无法提高。

有的父母还认为计划要细致，就把每一科目都制订了相应的计划，这样各种计划交替，不仅让孩子无所适从，更因为杂乱而使孩子失去了信心。

所以，别为孩子制订太多、太满、太杂的学习计划，要在孩子的能力范围之内，专心地引导孩子努力而顺利地完成一个计划就是非常成功的了。

16. 引导孩子进行总结反思

初中阶段的孩子由于认知水平的局限和年龄特征的差异性，往往更加热衷于做题而并不善于总结与反思。所以，孩子的学习仅仅停留在知识表面，而没有深入到学科中，更不懂得如何融会贯通地把握各科之间的学习联系，常常是课堂上听得很认真，也明白老师教授的知识点，可在以后的学习中遇到类似的问题却又无从下手，出现"上课听得懂，课后不会做"的现象。父母在平时对孩子的教育中，如果希望孩子能够学会自主地学习，就要积极地引导孩子进行总结和反思。

那么，父母应该如何适时引导孩子进行总结和反思呢？

◎ 父母要了解孩子的学习近况，才能便于指导孩子总结反思。

如果父母对孩子的学习近况不了解，肯定无法对孩子的学习进行相应的指导。所以，父母首先要做的就是和孩子进行讨论、查看孩子的课堂笔记和课后作业或者单元测试题，通过孩子的表述结合学习资料，对孩子提出一定的指导意见。

比如，父母要在最初时刻指导孩子学会整理所做过的题目和探究过的问题，哪些已经懂了并能灵活运用了，哪些还有疑惑或困难，或者哪些懂了却不能活用，哪些还是一知半解，让孩子辨认、确认所学知识和方法是否已经掌握牢固。此外，还要指导孩子审视、分析自己的学习方法是否得当，促使孩子反思自己在学习知识与方法的过程中是否注意力保持集中状态，学习方法是否得当，学习效率是否符合学前的期望，学习时或做题时是否能够轻松应对……父母帮助孩子进行总结和反思，能够使孩子逐渐养成自我评价、自我反省、自我调节的反思性学习习惯，能够让孩子逐步学会自觉地调节学习情绪，自主地改进学习方法。

◎ 父母要定期定时地协助孩子整理知识，促进孩子自觉构筑知识体系。

由于初中阶段课堂内容多，知识点和重难点多，课外作业也较多，孩子疲于应对就没有时间反思自己的学习状态，更没有精力静心思考或策划自己的学习，当然也就没有时间及时进行总结与反思，就会造成讲过多次的知识仍会遗忘，做过多遍的题目仍会出错的情况。

所以，父母在一开始培养孩子总结反思习惯时，尽量每天都要安排一定的时间让孩子总结反思当天的学习活动，使他在梳理、思考所学内容的过程中，把学习成果及时进行巩固，一旦发现存在的问题就要及时调整学习方法。

父母不妨指导孩子把总结反思与复习预习相结合，在复习的过程中查漏补缺，在预习的状态下初探重难点，做到心中有数、有备而来。老师在课堂上进行单元式总结或预习时能够有的放矢地解决学习中遇到的难题。

◎ 教孩子一些具体的总结反思的方法。

一般情况下，总结反思的方法有多种，父母可以教孩子尝试一些具体的、行之有效的基本方法，并让孩子通过实际操作对适合自己的方法进行取舍或整合。

基础性的总结反思方法包括快速浏览、归纳要点、自我反省，标注或写心得体会等。

快速浏览，就是翻阅、浏览自己的课本和课堂笔记，对所学的内容进行巩固加深，使知识和问题的印象更加深刻，便于在以后遇到类似问题时能够及时调动头脑中的储存记忆，用相应的方式方法对问题进行解决。

归纳要点，就是对所学的内容进行归纳，把知识要点及各知识点的基本要素进行提炼，通过梳理知识线索得到类似于"要点树"的一览式知识结构。比如，把每单元每小节的公式、关键词等进行提炼和归纳，把这些经过提炼的"点"串成"线"或者"面"，以补充资料或"附加页"的形式粘贴到课本中或记录在笔记本里，在复习时可以省去大量的"提纯"时间，往往只需要认真复习这个"要点树"就能把一本本课本变为薄薄的记满精华的纸张。这正是把厚书变薄的重要手段，更是使孩子受益匪浅的学习方法。

自我反省，是对重点知识、疑难问题，进行反思。眼睛看着问题，而在头脑中要像放电影一样"快进"，把一堂课的学习活动或一天的学习从头至尾进行梳理，然后再进一步总体思考，自己对这堂课的学习内容和学习活动有什么感悟，或者存在什么有待解决的问题。

标注或写心得体会，就是把头脑中的疑惑或感悟简要地写下来，或是把自己认为在所学知识中值得特别注意或重点关注的地方进行标注，可以用专门的笔记本进行记录，也可以直接在课本上以醒目的颜色或符号进行标注，便于孩子自己在总复习或阶段性复习时取得事半功倍的效果。

◎ 指导孩子着重对例题、作业、试卷进行总结和反思。

课本例题，特别是数学等科目，例题不仅仅是为了让孩子学会做这道题，更是促使孩子在学习例题的解题方法的过程中发散思维，达到举一反三的目的。父母要积极利用书中的例题，让孩子学会对例题进行反思，注重归纳例题透露出的方法和规律，体验解题技巧，从而掌握思想方法，使例题的作用无限放大。

对于课后作业，父母要让孩子明确，作业不仅仅是检查或巩固知识的手段，更是形成自己良好学习习惯的重要过程，使自己在看、想、问、写相结合的情况下了解作业的错误率、出现错误的具体部分、出错的环节等，对自己的学习情况有比较清醒的认识。

对于试卷的总结和反思，父母不妨教孩子把所有的错题都集中在一起，做成一本"错题集"，避免孩子直接在试卷上订正错题时出现查找困难、不易保存的问题。如果孩子懂得按不同科目分门别类地有序归纳、总结错题，就能利用这本"错题集"在考前高效地进行复习，达到便捷利用的效果。

17. 养成并保持良好的阅读习惯

阅读对于每一个人来说，都应该是终身的良好习惯。拥有良好的阅读习惯不但可以提高孩子对语言的理解能力，有助于思维的良性发展，还能帮助孩子提高学习成绩，增强孩子的学习能力，丰富孩子的间接经验。

但是，生活中却有很多孩子并没有养成良好的阅读习惯。

一位妈妈说："我们夫妇俩平时工作都很忙，为了丰富儿子的课余生活，我给他买了很多课外读物。

可是，他每次做完作业之后不是坐在电脑前玩游戏，就是窝在沙发上看电视，对我颇费心思为他挑选的课外读物根本连看都不愿看一眼。我提醒他应该翻看一下，他还挺不耐烦的样子。为什么他就是不喜欢读书呢？"

很多父母都有同这位妈妈一样的苦恼。其实，一个人的阅读理解能力往往和他的家庭影响有关。在这个家庭中，父母的工作都很忙，几乎没有阅读的时间，儿子没有读书的良好环境，也就不会养成读书的习惯。

父母仅仅认识到阅读的重要性显然是不够的，还应该懂得如何和孩子一起阅读。光让孩子读书，孩子没有良好的读书氛围，会觉得："怎么就我一个人读呢，你们大人怎么不读呢？"如果强制要求孩子读书，他更会丧失阅读的乐趣和兴趣。所以，父母应该和孩子共同阅读，讨论书籍的内容或是读后的感想，这样不仅可以增强亲子之间的关系，还能了解孩子是否理解了阅读的内容。

那么，具体说来，父母应该怎样培养孩子良好的阅读习惯并将这个习惯长期保持呢？

◎ 了解孩子的阅读兴趣并协助孩子确定阅读的书籍。

孩子如果产生了阅读的渴望，自然就会在阅读中获得乐趣。所以，父母不要用奖惩或强制的方法迫使孩子读书，而要了解孩子的阅读兴趣，向孩子介绍适合他年龄阶段并符合他兴趣爱好的书。

初中阶段孩子阅读书籍具有一定的特点，他们在选择书籍时首选的是故事性、趣味性强的小说或漫画，其次是科学幻想故事书，再次是传奇故事和英雄人物故事书，此外，还包括数学游戏、发明创造、动物世界、旅行、航海、战争、历史、笑话、娱乐等方面的书。绝大多数孩子对未知世界和神秘力量都充满了好奇，虽然不同孩子的兴趣千差万别，不同孩子喜欢的书也有所不同，但只要父母们根据孩子年龄选择符合孩子身心发展规律的书籍，孩子就会尝试着去阅读。

当然，如果孩子对读书确实没有兴趣，父母也不要灰心，更不能认为自己的孩子不爱学习。父母要尊重孩子的选择，可以先向孩子介绍书中的精彩片段来引起孩子的注意，如果孩子还是不想阅读，父母不妨尝试在现实生活中寻找孩子的兴趣点，投其所好，向孩子推荐一些或许在大人看来不太合适但尚且健康的书籍。

◎ 放手给孩子选择图书的权利。

无论对成年人还是孩子而言，阅读首先应该是一种享受，通过阅读获得心理愉悦感，其次才是求知。孩子应该是整个阅读过程中的主导者，应该享有自主选择图书的权利，而父母可以作为引导者、建议者只对那些真正有害于孩子的书籍、杂志进行控制即可。

一般而言，孩子在初中之后，已经完全形成了自己独特的阅读爱好和兴趣，在阅读内容的选择上也很有主见，他几乎已经不用父母的协助就能找到符合自己审美情趣和阅读口味的书籍。对此，父母可以注意观察和引导，但不要做太多的干涉，不能把自己的意愿强加在孩子的阅读爱好之上，更不要按照自己的阅读习惯和知识观念给孩子开列必读书目，不以"我认为这本书很适合你，你必须看看""这本书是某某教育家专为你们初中生写的，我给你买了，你有时间一定要看"为理由剥夺孩子的选择权，那样会使孩子对阅读产生厌烦心理，享受不到阅读的乐趣，继而失去阅读的兴趣。

◎ 协助孩子拟订阅读计划。

如果孩子需要的话，父母可以协助孩子制订一个具体的阅读计划。在这个详细的计划中，可以根据孩子的时间和需要列出每周阅读的书目和时间安排。有了明确的阅读计划，可以让对阅读感兴趣却又难以坚持成为习惯的孩子得到不断的激励。当然，阅读计划并不是一成不变的，可以让孩子根据自己的实际情况做出修改，比如，孩子对古典文学著作感兴趣，父母可以推荐"四大名著"等，并建议孩子如何利用一个月或更长的时间对其中某部经典进行深入地解读。

如果孩子不能完成计划，父母也不用太过在意，不要苛求孩子必须履行计划。阅读计划只是一个大体的纲领性安排，仅仅作为孩子阅读进度的提示或建议，不用太过于在意它的实际意义，如果孩子完成了计划中的部分书目，只要他学到了知识，这个计划依然是有效的。

◎ 提醒孩子在阅读中学会思考。

只看而不动脑思考不是真正意义上的"阅读"，即使安安静静地捧着书本看，而不在阅读过程中加入思考，这样的阅读方式并不是良好的习惯，这种阅读对于孩子而言不但不能起到很好的启迪、教育作用，反而还会影响孩子的身心健康。我们不难发现，许多性格内向、孤僻的孩子往往把看书当成了一种解压方式，把自己封锁在书本构筑的"小屋"里不愿出来。

所以，父母既要让孩子爱上阅读，又要避免他对书产生严重的依赖。要教育孩子在阅读的过程中边看边思考，和实际生活、现实环境相联系，把书本知识运用到现实生活中。

18. 专注让孩子的学习更高效

对于孩子来说，学习的最大"敌人"就是上课注意力不集中。因为，老师会把知识要点在有限的 45 分钟的课堂时间里进行分析讲解，一旦错过了，课后花再多的时间往往也无法补回。我们经常看到有的孩子下课之后玩得特别尽兴，而他们的学习成绩却优异，这让别人产生了困惑："他们和我们一样地玩，为什么他们的成绩却那么好呢？"关键在于这些孩子很好地利用了课堂的学习时间，上课注意听讲，在课堂内就把知识点掌握了。他们并没有晚上回去偷偷看书补课，只不过是注意力比别的孩子更为集中罢了。然而，正是因为上课的精力集中，他们的学习效率往往高于其他上课注意力涣散的孩子。

> 小雅和小妙是一对双胞胎，在同一所中学的初二年级上学。别看两人是双胞胎，家庭环境和教育完全相同，可她们的学习成绩却完全不同。姐姐小雅的各科成绩都很优秀，是班上的学习委员，而妹妹小妙的成绩却总是在中下游徘徊不前。
>
> 对于两个女儿完全不同的情况，妈妈总是规劝小女儿小妙多向姐姐学习。一开始，小妙还有些不服气，认为姐姐只不过是运气比自己好一点儿罢了。

当妈妈说的次数多了以后，小妙不仅对妈妈的说教感到很反感，而且对姐姐小雅更是产生了敌对心理，认为姐姐什么都比自己好，什么都比自己优秀。

爸爸妈妈意识到小妙的这种不好的情绪，连忙想办法进行调节和纠正，不仅给了小妙更多的关爱，也给小雅做工作，让她在学校时多了解妹妹的学习情况，在学习和生活上多多帮助妹妹。

经过一段时间的"家庭大联盟"，小妙意识到自己偏激的想法确实不好，小雅也在平常的观察中找到小妙成绩上不去的主要原因是上课不够专注，于是，一家人针对小妙这一问题展开了分析，并提出了不少具体的建议。在小雅的帮助和提醒下，小妙在课堂上渐渐认真起来，逐渐减少了上课"开小差"、转笔、画漫画、看小说的不良习惯，把课堂的45分钟有效地利用了起来。小妙的努力很快就获得了回报，在单元测试中，小妙的成绩突飞猛进，进入了班级前15名，这让小妙欣喜若狂。小雅和妈妈趁机鼓励她："你看，你才认真学习不到一个月，就有这么好的效果，如果能够继续保持，然后把以前落下的课程再补补，期末考试一定能够考出好成绩的！"

　　有了家人的鼓励和姐姐小雅的帮助，小妙上课更加认真了。果然，在下学期的考试中，小妙的各科成绩都有了一定提高，虽然和姐姐小雅相比仍有很大的差距，但小妙坚信，只要自己继续努力，认真专注地把握好课堂上的学习，一定能和姐姐并驾齐驱，和姐姐一起考上理想的学校。

　　"上课要注意听讲，要集中注意力专心听老师讲课！"父母对孩子这样说，孩子也很想那样做。可结果却往往不尽如人意。在日常生活中，父母应该向案例中的小雅、小妙的父母学习，鼓励孩子上课注意听讲，以专注的投入获得高效的回报。

◎ 了解孩子的注意力规律。

　　孩子上课注意力不集中，对课堂内容不能保持高度集中的精神，这和孩子的年龄有很大关系。有研究表明，不同年龄段孩子的注意力稳定时间各不相同，对于初中孩子而言，要保持 45 分钟的专注几乎是不可能的。

　　在现在的中学教育中，老师们已经注意到了这个问题，并且采取了切实有效的办法使孩子们在注意力比较集中的时间段内获得尽可能多的知识。也就是说，老师会利用前半节课的时间教授新课，后半节课的时间布置作业或进行相应的复习，把课堂时间进行划分之后可以有效地在遵循孩子身心发展的基础上使知识得以高效地传输，更便于孩子高效地接受、吸收。

在家庭教育中，父母也应科学观察、把握孩子注意力的规律，并与学习计划进行有效结合。

◎ 父母要了解孩子注意力不集中的原因。

父母要积极和孩子的老师保持联系，了解孩子在哪些课程中上课不注意听讲，容易走神。和孩子谈心，了解孩子是因为听不懂还是没兴趣导致了注意力分散。有必要的话要对孩子进行有针对性的补课和教育。要让孩子明白，上课的时间没有有效地利用，不注意听讲，该学的时候没有专心认真地学习，就只好占用玩的时间来补课。最后学也没学好，玩也没玩好，两边都没占到。明白了这个道理，孩子就会意识到上课听讲的重要性，既从主观上愿意积极利用上课时间学习，又拥有更痛快自由的玩耍时间。

◎ 父母要着重培养孩子的自我约束力。

自我约束力也是自控能力，如果孩子的自我约束力较差，他的注意力就很容易分散。孩子的好奇心一般都很强烈，任何一点儿风吹草动都会触及他的兴奋点，分散他的关注度，即使孩子进入初中，他的思想状态仍然不稳定，仍然容易被外界干扰。所以，父母要有意识地创设情境，帮助孩子逐步提高自我约束能力。

◎ 劳逸结合、张弛有度。

无论是谁，长时间做同一件事都会感到疲劳，逐渐失去兴趣甚至产生厌烦、抵触心理。父母要注意提醒孩子劳逸结合，该玩的时候让孩子放松地玩耍，不能为了锻炼孩子的注意力而长时间要求孩子必须看书或写字，那样会使孩子感到身心疲劳，注意力也会始终处于游离状态。长时间紧绷琴弦极易发生断裂，人的思想长时间高度集中也会出现各种问题。所以，引导孩子劳逸结合、张弛有度，可以有效缓解长期以来高度集中注意力而导致的紧张情绪，使孩子得到充足的休息之后学习起来更加认真，精神和注意力也更为集中。

19. 爱"玩"也会有好成绩

玩，是孩子的天性。可现在，这种天性已经被各种压力湮没：课业担负越来越重，教材越来越深，进度越来越快，测验越来越多。对不少孩子来说，"玩"直接等同于"上网打游戏""看电视"；对于有的父母而言，看到孩子和同伴扔沙包、跳绳就很不高兴，认为娱乐会浪费孩子的学习时间，于是除了要求孩子按时完成学校布置的作业之外，还要参加各种提高班、兴趣班学习更多的东西，结果，孩子看起来好像整天都在不停地学习，一刻也没有放松过，但实际的效果如何呢？往往孩子在书桌前待的时间越长，他的思维就越僵化，身体素质也越不好。家长一味催促孩子："别贪玩！抓紧时间学习啊！别松劲儿啊！"结果却适得其反。

李大钊先生曾有一句十分著名的话："要学就学个踏实，要玩就玩个痛快。"孩子的天性就是爱玩，尊重孩子的天性，遵循孩子的身心发展需求，适当让他们放松和娱乐，让他们的身心得到休息，等他们玩过之后再投入到学习中去，父母们会惊喜地发现孩子的学习态度、学习效果会更好。

周旭霁是 2020—2021 学年浙江大学竺可桢奖学金获得者，环境与资源学院 2018 级本科生，她就是一个会玩的人。她不仅热爱运动，喜欢跑步，还喜欢练习书法，更是一位不折不扣的手工爱好者。周旭霁的手工作品种类繁多，高考结束的时候做衍纸，前一段时间做滴胶，现在做橡皮章，近期甚至印了一批手机壳……

为什么那么多的课余爱好没有占用她的学习时间呢？为

什么她那么爱玩依然拥有令人羡慕的好成绩呢？如果父母们认真回忆一下自己的童年生活，就会发现我们的身边一直存在这样每天玩乐而成绩很好的同学。难道他们是天生聪明的"神童"？

其实，他们并不比别人天资更为聪颖，只是会利用劳逸结合达到最佳学习效果罢了。

大脑休息的最佳方法就是学习与体育锻炼、娱乐活动相互交替进行。长时间坐在书桌前面看书、演算，时间一长就会感到身心疲惫，注意力就会下降、记忆力随之衰退，这就是所谓的"欲速则不达"。

小斌虽然刚读初一，在学习上就已经很有危机意识和紧迫感。他学习十分刻苦，每天上课不停地记笔记，把几个笔记本都写得满满的。每天中午吃过饭，别的同学要么趴在桌上休息一会儿，要么跑出去散散步、踢踢毽子，而他却掏出书本继续看起来。放学回到家，小斌吃完饭就开始做作业，做完作业还要把第二天的功课仔细预习。然而，尽管他付出的努力远比一般的同学要多，可他的成绩却始终处于中游。

小斌就是典型的不懂得劳逸结合的孩子，不仅学习成绩上不去，身体素质也不会太好。

很多有经验的老师都有这样的感触：那些成绩优异的孩子往往并不是整天坐在书桌前的学生，而是上课认真听讲、下课玩得最欢的孩子。那些整天捧着书本苦读的孩子确实很乖，但学习不得法，又不会利用课余时间调节，往往成绩并不理想。

有研究表明，当人从事紧张、艰苦、繁重、复杂的脑力劳动时，大脑皮层会处于高度兴奋的状态，耗氧量也急剧增大。长时间的用脑必定会使身体的氧集中在头部，而造成全身血液循环减慢，这样产生的恶性循环反过来又会使流经大脑的血量减少，引起暂时的"脑贫血"，令大脑产生疲劳，抑制了大脑的功能，造成记忆力下降，即使对知识点进行记忆也只是短暂粗浅的，印象不深并且很容易遗忘。

而且，在大脑过度疲劳的情况下，人会普遍表现出较大的情绪波动，产生忧虑、厌烦、倦怠等心理问题，对于孩子而言，还会产生厌学、敌对等情绪。所以，父母要了解孩子的生理发育和心理发展规律的客观要求，不能顾此失彼，如果不顾孩子的身心需要而只要求孩子用功学习，反而会得不偿失，耽误了孩子的发展。在日常生活中，父母一定要注意引导孩子进行一些其他的活动来转移情绪指向，使孩子的紧张情绪得到松弛、稳定，逐渐恢复良好愉悦的心境，然后再重新学习，劳逸结合，更能提高学习效率。

20. 以平常心对待孩子的坏成绩

英国教育家斯宾塞曾经说过："身为父母，千万不能太看重孩子的考试分数，而应该注重孩子的思维能力、学习方法的培养，尽量留住孩子最宝贵的兴趣和好奇心。绝对不能用考试分数去判断一个孩子的优劣，更不能让孩子有以此为荣辱的意识。"

然而，在生活中，不少父母把孩子的学习成绩作为评价孩子的主要标准甚至是唯一标准，而学习成绩最终通过考试分数体现，于是父母对孩子考试分数的增加或减少特别敏感，对孩子带回的满分试卷眉开眼笑，大加赞扬或是金钱鼓励；而一旦孩子的考试分数低了，父母就会板起面孔开始碎碎念："我们这么辛辛苦苦挣钱是为了谁？还不是为了你能有好的生活环境，还不是为了你能在好学校里学习？可你呢？一点儿都不理解我们的苦心，我们真是白费力气了。你看看你的分数，你觉得你对得起我们吗……"不少父母还会对孩子动手惩罚，弄得孩子苦不堪言。

孩子也不想考那么低的分数，他也想要满分，他也不明白为什么自己努力了却考不好，他也暗下决心下一次一定考好但难保能考满分……孩子的考试分数和父母的期望值太远，父母因此对孩子进行各种惩罚，以致一幕幕家庭悲剧不可避免地上演。

　　由于自身文化程度不高且失业，初一学生小力的妈妈把所有的希望全部寄托在孩子身上，要求小力在平时的日常考试中每次都必须进入年级前10名。重压之下的小力没有休息时间、失去了足球爱好。他感到妈妈对自己管得太严，而且妈妈提出的目标无法实现。深感委屈和压抑的小力常常因为达不到妈妈的目标而一次次忍受着拳打脚踢和痛骂。终于，在妈妈的精神重压和身体摧残之下，绝望中的小力情绪失控，不仅学习成绩一落千丈，而且经常对妈妈出言不逊。

　　小力在同学和老师眼里是一位十分刻苦、节俭，品学兼优的学生，他勤奋好学、性格文静，对于集体活动也很热心，乐于助人。可为什么这样的好学生会每况愈下？

　　孩子在小学阶段取得"双百分"之类的好成绩比较容易，那是因为小学阶段的科目少，知识内容浅。进入初中以后，随着课程的增多和学习内容的加深拓宽，"学习"对孩子来说实际上发生了根本性的变化，这种变化使一些孩子难以适应。

　　孩子升入初中后，由于不适应，可能会出现情绪烦躁的状况，父母在平时的生活中要特别注意孩子的情绪变化，及时予以开导。由于初中所学知识的思维含量越来越高，有的科目不是只靠下功夫背就能学好的。所以，父母不要动辄以小学考"双百"说事。要正确对待并理解孩子的成绩波动，父母的期望值要与孩子的发展潜力一致，要考虑孩子的知识水平、文化基础，甚至身体、家庭环境等因素，对孩子的努力表示认可和鼓励。

现在的孩子从小就承受了很大的压力，父母对子女往往期望过高。如果孩子考试不理想，就有一种愧对父母的感觉，长此以往必然导致孩子心理的扭曲。"小力事件"是一种极端。然而，许多家长都亲身经历过自己的孩子因为害怕父母的责罚而擅自涂改成绩单、模仿父母手笔在试卷上签名的情况；有的孩子因为父母过于注重分数而患上了"考试恐惧征"；有的孩子害怕父母知道真相而"租假爸爸""租假妈妈"来开家长会。为什么孩子那么害怕考试——原因就是父母过度注重考试分数，强求孩子考满分。

父母要懂得，每一个孩子由于智力的因素、学习方法和理解能力不同、学习习惯的不同以及学校老师的教学水平及方式的不同，在学习成绩上必然会有差异。要求孩子考满分并不是检验孩子是否努力学习的唯一标准，所以，父母要心平气和地对待孩子的成绩和考试分数，孩子考试分数高，要进行精神鼓励；考试分数不理想了，不要一味指责孩子，重要的是帮助孩子分析查找失误的原因，更要鼓励孩子继续努力。孩子没有取得好成绩、高分数已经很难过了，父母不要再在伤口上撒盐，而要和孩子一起共同成长。

在平时的生活中，父母要对孩子的学习情况多做一些深入的了解，对孩子的智力和学习能力有清醒的认识，这样有助于对孩子的考试分数有更加准确的评判。

有的孩子平时学习认真，但在日常生活中就存在粗心大意的毛病，在考试时也会由于粗心而丢分。如果父母平时知道孩子的这些弱项，在心理上就会理解孩子分数低的原因，也会在生活中有针对性地对孩子进行一些增加细心程度、克服粗心毛病的锻炼。

考试成绩只是对孩子学习情况的检验，是老师、家长和孩子自己反馈信息的渠道和手段，仅仅是评测孩子学业的一个参考数据。分数的高低并不能评判孩子的一切，满分的孩子将来并不一定出类拔萃，低分的孩子也不会永远排在众人之后。如果父母能以发展的眼光看待孩子的考试分数，那么孩子也能以更加科学的态度对待学习，未来步入社会后，也会有比较良好的心态面对生活中的波澜。

很多父母能解决孩子的生存问题，但在精神层面、情感层面却做得不够。真诚了解孩子、真心尊重孩子、设身理解孩子及适度宽容孩子，是与青春期孩子建立和谐亲子关系的重要砝码。

第四章

叛逆：
别让亲子关系毁在青春期

21. 不要过多地管制和要求

让孩子快乐地成为他自己，让孩子真心体验成长经历和乐趣，是每位父母应该遵循的教育理念。可是，却有相当多的父母违背这一合乎孩子天性的教育之道：

有的父母把自己的没有达成的愿望强加在孩子身上，逼迫孩子做他不感兴趣的事情；有的父母用自己的意愿来支配孩子，把孩子当作长不大、没有头脑的玩偶加以调教；还有的父母总拿自己的孩子与别人的孩子相比较，别人学什么，也要求自己的孩子会什么……

父母给了孩子生命和健康的身体，养育了孩子，但并不意味着孩子就是父母的附属品。孩子有独立的个性和心灵，他是一个有别于任何人的独立个体，应该而且必须受到尊重。所以，父母不要过多地对孩子进行管制或提太多的要求和规定，要让孩子成为他自己，做出他自己的选择。

◎ 了解孩子的年龄特征。

不管男孩女孩，不管是先天聪明或是后天愚钝的孩子，身心发展总是必须经历从低级到高级的阶段性变化历程，也就是说，处于同一年龄段的孩子，都应当具有共同的身心特点。所以，在家庭教育中，父母要充分了解孩子的年龄特点，遵循孩子的发展规律，一定不能揠苗助长。此外，父母也要注意到，同一年龄阶段的孩子之间也存在个体的差异，这就要求父母在教育孩子时除了遵循年龄特征规律，还要考虑自己孩子的特性，做到因材施教。

◎ 了解孩子的心理发展水平。

在家庭教育中，父母的管制和要求对于孩子来讲都是外在因素，只有孩子这个内因有所触动而发生变化了，一切外因才会起作用，才是有效的。如果父母一味地给孩子过多的管制和要求，孩子并不接受甚至竭力反抗，那些管制和要求自然形同虚设，没有任何意义。所以，父母要考虑到孩子自身的作用，了解孩子的基础、智力水平、学习动机与兴趣等，在家庭教育中采用易于孩子接受的建议或鼓励，对孩子施加影响，采取恰当的教育方法和措施引发孩子的内因发生积极的变化。

◎ 在对孩子提要求之前先反观自己。

有的父母看到别的孩子学钢琴、学舞蹈、学绘画，就积极地张罗着让自己的孩子也去学，如果本着让孩子多接触，开阔眼界、拓宽知识面的原则，这样的兴趣班也未尝不可，可不少父母偏偏严格要求孩子必须学有所成，钢琴必须考级、舞蹈必须考级、绘画也要拿奖，因为"花费了我们不少钱"，当孩子质问父母为什么时，父母还会痛定思痛地告诉孩子："因为爸爸妈妈以前没有条件学这些，现在你有条件了，一定要好好学！"父母把自己未完成的愿望强加在了孩子身上，而且要求孩子必须到达何种程度，认为别人做到的，自己的孩子也能做到；别人拥有的东西，自己的孩子也必须拥有。基于这样攀比性地对孩子严要求，使孩子很难有属于他自己的想法和空间，终日被父母的攀比弄得十分疲惫。

所以，在对孩子提要求之前，要先反观自己，自己的这些要求是否合理、是否能被孩子接受、是出于大人的目的还是符合孩子的意愿……只有通过反思明确了目的，对孩子的要求才是适合孩子并能够被孩子接受的。

◎ 不要剥夺孩子的选择权。

在日常生活中，很多父母认为自己是为了孩子好，而早早地为孩子安排好了他将要走的路。读什么学校、以后学什么专业，父母早已打算，孩子只需要按部就班地根据父母设定好的台阶一步步走就行了。这样的孩子固然很"幸福"，但他在向上攀爬的时候可能完全不会注意到台阶旁的美丽风景，更不会有自己的意愿。这样被父母管制到极限的孩子，将来也会出现两种极端，一种是忍无可忍就竭力反抗，因为孩子认为："从小到大我都很听话，在这个问题上我要听自己的。"而父母却纳闷："为什么一个从小都很听话的孩子，在关键问题上却不受控制了？"殊不知是父母自己造成了那样的局面。

另一种极端是逆来顺受，不懂得丝毫反抗。有的孩子，在长大成人之后，在单位、在婚姻中自始至终都是一个"旁观者"——虽然他是身入其中的具体人物，但在他身上发生的事却并不是他所能控制或预见的，因为他的主动性和扭转事态的能力早已在早年父母的过多管制中磨灭殆尽。他不懂得保护自己、不知道如何向别人提出自己的诉求、通常是别人给什么得什么，他不明白自己到底要什么。这样的孩子始终被动地生活着，无法释放内在的压抑而很容易变得抑郁、孤僻，从而走上极端。

　　所以，父母不要随意剥夺孩子的选择权，不要给孩子过多的管制和要求，要尽可能多地给孩子选择的机会，让孩子享受一定的自由度，感受来自父母的尊重和信任，体会自己为自己做决策所带来的成就感和满足感，自信心得到不断增强，孩子能够感觉到自己完全有能力把握生活并且享受生活。

22. 有技巧性地批评孩子更能接受

　　事实就是如此，每个孩子在成长的过程中都难免犯错，需要父母的不断指导、指正，孩子才会从错误当中吸取教训，才会明白什么是对的，是要坚持的，什么是错的，是会害人害己的。可以说，批评孩子是所有父母的必修课。

　　每个父母在抚养孩子的过程中都会出现批评孩子的情况，但批评的结果却不尽相同。有的孩子经历了父母的批评之后深受教诲，很快就改掉了缺点、毛病；而有的孩子在父母苦口婆心的批评教育之下不仅屡教不改，还反唇相讥、咄咄逼人。

　　同样是批评孩子，为什么会出现这样的差异呢？

　　批评看起来很简单，不外乎是对孩子的错误进行评论、批判，归根结底是要孩子"长记性、下不为例"，可真正要运用批评这个语言惩罚手段，没有一定的技巧性却是不行的。

会使用技巧性的批评方式的父母，不仅能让孩子心服口服，达到教育的目的，而且还不伤亲子感情，有时候反而会增进子女与父母之间的亲密度；而那些不重视批评方式方法的父母不分时间、地点，采用不恰当的方式批评孩子，甚至把批评变成对孩子的情感虐待，不仅絮絮叨叨说教许久没有任何效果，而且还会让孩子感到难过、苦闷、反感，甚至激起孩子的叛逆心理。

人们普遍认为，赞美是一门语言艺术，其实批评也是一门需要运用智慧和方法技巧的语言艺术。

◎ 批评要"就事论事"。

在批评孩子的时候，父母要明白：批评孩子的目的不是发泄自己心中的不满和愤恨，而是为了让孩子知道自己的做法是错误的，让他明白做什么样的事会带来什么样的后果。

有的父母看见孩子的书包坏了，不问缘由就批评孩子"你怎么不体贴我们挣钱的辛苦呢？太不爱惜东西了！以后我还敢给你买书包吗？"父母不由分说认为孩子是错的，劈头盖脸地一顿责怪，完全没有理会孩子的感受，更没有给孩子解释的机会，只看结果不问过程，武断地夸大问题的严重性，会让孩子感到很委屈，给孩子造成心理阴影。孩子不会认为这样的批评是对他好，而会真切地感到父母是在伤害他，或给他打上了"坏孩子"的标签。

父母针对孩子的错误，不要把批评扩大到其他事情上，更不能把一点儿小问题就以"长大之后肯定……"来对孩子的将来作出不恰当甚至是打击性的预测，一定要针对具体的事情，就事论事地把父母对孩子某个行为的感受直接说出来，然后平静地告诉孩子，知道他是一个好孩子，明白他的不小心和苦衷，只是这次做错了，希望下次引以为鉴，不要再那么"不小心"了。

◎ 避免当众批评孩子。

有的父母发现，当着外人的面批评孩子好像效果更好，更能刺激孩子及时认识错误、改正错误。其实，当众批评孩子会使孩子的自尊心受到伤害——虽然他可能受到环境的影响不得不顺从父母的指责批评而没有任何反抗，但孩子的内心却产生了愤怒和反感。有的孩子会把这种不愉快的体验深埋在心中，一旦爆发会让孩子自身和父母都受到伤害；而有的孩子则会在父母多次当众批评之后发起反抗，反唇相讥，最后当众难堪的是父母自己。所以，父母批评孩子要注意场合，如果孩子确实犯了必须要及时指出并制止的错误，父母不妨委婉地提醒，或是把孩子招呼到自己身边单独交谈，或者用眼神、手势来指出孩子的错误行为已经引起了大人的注意，提醒他不要再继续犯错了。

◎ 不要翻孩子的"旧账"。

很多父母在批评孩子的时候会把孩子以前犯过的类似错误一起找出来说，这种"翻旧账"的方式谁也不喜欢。特别是孩子，或许他真的没有记住父母三番四次地提醒；或许他压根就把父母的叮嘱抛在脑后，但父母"翻旧账"的方式让他不得不一次次"重温旧梦"，不得不反复被提醒"你一直都没有想过改正"，认为自己很没用，觉得自己已经比上次改了很多了，可为什么大人没有看到呢？自己再努力有什么用呢？只要一犯错误就会被父母"翻旧账"，错误总是比优点、成绩要多得多。

所以，父母在批评孩子的时候，不要"翻旧账"，不能因为一两次错误就否定孩子的努力，更不能一一列举孩子以前犯的错误，妄图来证明孩子"认错态度不好，所犯错误从来就没有真正改过"。父母要谨记，批评孩子的目的不是让他"长记性"，不是让他记住每一次所犯的错误，而是"改正错误"。

◎ 在批评中肯定孩子的优点。

有人说，教育孩子就是"胡萝卜加大棒"，意思是对孩子奖励和惩罚同时进行，可以对孩子起到很好的激励作用。这种方式虽然有一定的借鉴意义，但父母更要在批评的同时对孩子的优点进行肯定。像陶行知先生，虽然他的学生动手打了同学，但陶行知却以四颗糖的形式分别表扬了这个学生诚实守信、尊重师长、为人正直、勇于认错的优点，让学生既看到自己的错误与缺点，又欣慰于自己的长处和优点。这样的做法能够让孩子既认识到错误需要及时改正，又意识到优点得到了肯定，愿意继续发扬。

陶行知先生不愧为具有现代的教育观点和丰富的教育经验的教育家，他的一番话值得每位父母深思："难管的孩子多半不是劣童，也不是真正的坏蛋，这态度要坚定。否则你主观上咬定他是劣童则一切措施都错，便愈管愈难管了。教育者要慧眼观人长处，才能在平庸中体会出真的瓦特，在坏蛋中体会出真的爱迪生。"

23. 尊重孩子的隐私

孩子有自己的小秘密，也有自己的隐私权，父母既然爱自己的孩子，就应该把孩子当作权利的主体，承认孩子的权利，尊重孩子的意见和主张，听从孩子的建议，而不是把孩子当作父母的附属品而用自己的方式处理孩子的个人事务。

生活中，很多父母总是对孩子不放心，担心男孩惹事生非，操心女孩吃亏被骗，总是千方百计、想方设法地翻查孩子的抽屉、日记、书包等，一旦发现孩子有"异常举动"就焦虑不已。为了掌握孩子的生活状态，有的父母还专门对孩子进行调查，甚至用防贼一样的手段对待自己的孩子。

小兰有写日记的习惯，把平常经历的事情、感悟和读书心得等都记录在日记本里，她的日记本已经有几大本整齐地锁在柜子里。

有一天，小兰参加学校的活动，看了一场电影，回家之后小兰就想把自己的观影心得记录在笔记本里，可她打开笔记本，心里却"咯噔"一下——带有小锁的日记本之前不是那样摆放的，一定是有人动过！

小兰不动声色地对妈妈说："妈妈，你今天打扫过我房间卫生吧？我那柜子变得好干净哦！"

妈妈回答："是啊，我帮你收拾了一下，不过既然你主动说起这事，我也就打开天窗说亮话。你日记里写的那个叫'小豪'的男孩是怎么回事？"

"哼，你真的看了我的日记！"小兰特别生气，"没经过我的同意，你怎么就翻看了我的日记呢？"

妈妈更生气了："你是我女儿，我凭什么不能看你的日记？幸亏我看了呢，要不然还真被你平时乖巧的样子给糊弄了！你老实说，和那个男孩交往多久了？"

小兰感到很委屈："交往？这个人根本就不存在，只不过是我自己幻想出来的人而已！"

"幻想出来的？少蒙我了！你为什么把日记本上锁？"妈妈一脸的不信任。

小兰哭了起来："那是去年班费结余给每个同学买的！都是一样的带锁款式！要我怎么说你才相信？"

"你还嘴硬，明天我就找你们老师去！"妈妈一边说着，一边上前抢夺小兰手里的日记本，母女俩人扭打在一起……

在许多家庭中，父母总是想方设法地想弄清孩子的隐私，希望掌握孩子的一切行动、情绪甚至思想。

有的孩子说："我妈妈虽然不翻看我的日记，但总爱查我的手机通话记录和微信。"

有的孩子直言："我好几次上厕所时，我的手机聊天记录就被爸爸偷看过！我也知道他们关心我，怕我分心，怕我学坏，但他们那样做真的让我好难受，跟被监视的犯人没什么两样！"

青春期的孩子对父母这样偷窥隐私的所作所为非常反感但又无可奈何，所以为了保住自己的秘密，孩子就和父母玩起了"对抗赛"：回家之前自行检查书包和口袋、打完电话看完微信立刻删除……

不少孩子都有关于隐私被父母偷窥的郁闷之事，也有各种各样应对父母的对策。在孩子把此视为"猫和老鼠"的游戏时，父母却认为，孩子的一切应该被父母掌握，孩子越是藏着掖着越表明孩子有问题，如果一切正常就应该光明正大、坦坦荡荡地不怕被偷看。在父母看来，连生命都是自己给予孩子的，孩子在父母面前不应该有什么隐私可言。

其实，青春期的孩子都渴望有属于自己的私人空间，希望被父母当作大人看待，父母不顾孩子的感受侵犯了孩子的隐私，只能让孩子感到厌烦。

难道父母就不能了解孩子的青春期思想状态？难道关心孩子的日常生活和心理变化是错的？答案当然是否定的，只有更多地了解孩子才能更好地教育孩子，父母的关心和关注没有错，但一定要注意方式方法。

◎ 必须尊重孩子独立的人格。

随着年龄的增长，孩子的独立人格逐渐形成，对私人的物品、事件越来越需要私密性。而且，孩子认为自己已经是成年人了，往往不会像低年级时需要征求父母的意见、寻求父母的帮助，所以关于自己的"私事"，孩子往往不愿意再像小孩子那样竹筒倒豆子般地向父母全程披露，更不可能像小时候那样父母不爱听还自说自话地把自己在学校里的一点一滴详尽地描述。

孩子大了，有心思了，父母不能采取偷看日记等手段来了解孩子，而要在充分尊重孩子的基础上，与孩子进行平等的情感交流和对话，让孩子主动地把隐藏在心底的私密坦诚地告诉父母。

◎ 用恰当的方法了解孩子。

不偷看孩子的隐私并不等于对孩子放任自流，如果父母已经从孩子的日常行为中隐约察觉到了问题，不要寄希望于通过偷看日记等形式掌握孩子的心理动向，而是应当找适当的机会把心里的担忧和疑惑向孩子说明，让孩子来解决父母的困惑，消除心里的焦虑，把这个主动权交给孩子，而不是自己被动地用不好的方式侧面了解。

◎ 和孩子保持良好的沟通。

不少父母认为，孩子进入青春期，越大越难管教，越来越叛逆了。是的，孩子的独立意识增强，心智日趋成熟，对事件有自己独立的见解和观点，不会像小时候那样对父母的话唯命是从、亦步亦趋了。所以，为了了解孩子的变化，父母要和孩子保持良好的沟通，让孩子在精神上得到满足之后，把父母当作可以交心的朋友，才能使孩子把心里的困惑、焦虑对父母坦诚。

24. 当"青春期"撞上"更年期"

"你看，人家小雨的小提琴表演都上电视了，你呢？钢琴学了好几年，一点儿长进都没有。学习成绩也不怎么样，就只知道听这些无聊的东西！"正在书房里听音乐的初三学生小静，刚想放松一下，就被妈妈的唠叨搅了兴致。

小静实在忍不住，对妈妈大声说："妈，你有完没完？真是更年期了！"被激怒的妈妈不甘示弱："我更年期，你呢？你是青春叛逆期，也好不到哪里。"结果，母女俩自然是不欢而散。

眼下，青春期的孩子与更年期的家长之间的争吵已成为家庭冷暴力的常态。常常是父母对孩子的行为这里看不顺眼那里忍不住想唠叨几句，而孩子对于父母"事事管、处处烦"的行为特别抵触，更在言语上加以反驳，在父母看来就是"顶嘴""叛逆"，两代人就会因为一件小事不同的理解或处理方式变得格格不入，甚至歇斯底里。

十三四岁的孩子难管难教，这是许多父母的共同感受。心理学家认为，按我国的情况，孩子一般从 10 岁到 20 岁为青春期。由于生活水平的提高，营养的改善，青春期有提前的趋势。青春期是人体成长的关键时期，这个阶段孩子的生理、心理都会发生许多变化，也引出不少问题，尤其当孩子13 岁以后便进入了"青春反叛期"，问题更为复杂。

当青春期撞上更年期，作为父母应该如何缓解这种看似难以调和的矛盾呢？

◎ 加强与青春期孩子的情感交流。

　　小冰从 3 岁起就与奶奶一起生活，小学 3 年级到北京与父母生活在了一起。中学时，小冰考上了当地有名的公立中学，成为全家的骄傲。

　　可是，在小冰上了中学之后，小冰与妈妈的矛盾冲突时有发生，有时是不愿和父母一起出门，宁愿一个人待在家里；有时是妈妈教育小冰每天要换内裤，可小冰关上门听音乐，对妈妈的话不理不睬，像这样的小摩擦几乎每天都在家里上演。

一开始，小冰爸爸两边调和，一边劝妻子不要过多管教孩子，孩子长大了，有了自己的世界，大人该放手了，等等；一边劝儿子多体谅妈妈，妈妈更年期到了，确实爱唠叨，但也是为了孩子好，希望儿子能够理解妈妈更年期带来的痛苦。但很快，小冰爸爸感到了问题的严重性：由于妈妈爱唠叨，儿子在外边的时间越来越长，回家的时间越来越晚，学习成绩也直线下降。爸爸放下工作，对儿子来个跟踪调查，这才发现儿子迷上了电脑游戏，家里的电脑不让他玩，他就每天放学后去网吧上网，还和一些看起来流里流气的社会青年一起抽烟喝酒。小冰的爸爸悲哀地发现，青春期与更年期的碰撞，在他们家是把儿子撞出了学习成长的正常轨道，而且后果很严重。

青春期常常是父母与孩子感情发生转变的过渡时期。许多父母都有这样的体会，十五六岁的孩子总和父母对着干，而且能持续 2—3 年。常常是"你让他往东，他偏往西，你要他捉狗，他偏要撵鸡"，这种"作对"的状态，有的孩子表现得十分明显，常把母亲气哭，把父亲气得浑身发抖。青春期孩子不仅表现得与父母格格不入，在行为上也会出现焦虑不安甚至狂躁的情况。

而父母在更年期时也会出现很明显的变化，特别是母亲，处于更年期状态时容易出现焦虑、烦躁、不安、抑郁、敏感多疑等症状，早上会冒汗、潮热心慌，无端地想发脾气。这恰好跟孩子青春期的情绪来了一次碰撞。

要正确对待孩子的"第二反抗期"，父母就应该加强与子女的情感交流，当孩子向自己谈他们感兴趣的问题时，要集中精力听，不要敷衍了事，或边做其他事情，甚至边看电视边听。在平时的生活中，父母要主动了解孩子的生活状况，了解孩子感兴趣的事情。比如，孩子对摇滚音乐产生兴趣，父母不能贸然批评孩子不专心学习的态度和行为，可以尝试和孩子一起聆听让自己一时难以接受而对于孩子却是天籁之音的摇滚乐；在了解之后产生理解之心，和孩子成为朋友之后才能予以孩子所能接受的指导和帮助，而不是始终以一个旁观者、领导人的身份给孩子指示和评判。

◎ 和孩子一起学习换位思考。

一般情况下，女性的更年期症状比男性更为明显。所以，在家庭中，爸爸可以组织几次家庭座谈会，一家人进行促膝长谈，让孩子和父母在明白对方特殊时期特殊心理情形的基础上，通过互相靠拢和沟通进行"换位思考"，使双方对彼此产生理解和宽容。

父母在更年期时，可以坦诚地告诉孩子自己的身体正在出现的某些具体的更年期症状，让孩子对父母的身体情况、精神状态有所了解，要孩子理解父母的情绪变化是有原因的，希望孩子有所包容和预见。

建议孩子在遇到重大事情时，要和父母保持沟通，尊重父母的意见，对问题进行协商解决。如果妈妈生气了、情绪波动大，就要冷静分析一下她生气的原因，要设身处地替妈妈想一想，作为子女要尽量使自己保持冷静，少说两句，没有必要为小事而争吵，并时时告诫自己，或采取幽默的方法，转移注意力。

对于父母，特别是处于更年期的孩子的妈妈，要认识到处于青春期的孩子，独立意识增强，常显示自己是有个人目标，并对自己未来负责任的人。父母要了解到，孩子虽然认为父母的意见古板过时，喜欢和同龄人在一起，但在心理上却尚未成熟，所以他们容易冲动，在情绪上波动较大，轻率之下自作主张也很容易造成过失。所以，父母要对孩子的种种表现有所认识，对孩子的心理需求有所重视，并通过商量、引导的办法，在表示尊重的同时，体谅孩子的心理。

不少心理教育专家不约而同提出"温暖方案"："少争执，多商量；不发怒，多体谅；不计较，多体贴。"其实，通过孩子和父母各自的心理调节，青春期孩子和更年期父母是能够避免冲突，实现和谐的。

25. 反叛的孩子并不"坏"

不少父母抱怨，自己的孩子好像越大越难管，越来越不听话了。随着孩子年龄的增长，我们发现孩子们喜欢和我们顶嘴，你说东他往西；天气凉，你让他穿长袖，他偏要穿短袖；父母说他的时候，他会说"你们真烦"……在孩子身上，好像突然之间多了许多父母"看不惯"的坏习惯，孩子不知从何时起滋生了让许多父母难以接受的"不良行为"。

当孩子不听话时，有的父母就忍不住对孩子"吼"了，有的甚至动手"修理"孩子。可是，父母们想过没有，孩子为什么不听话？在想这个问题之前，我们首先要了解孩子的成长过程。孩子在成长过程中一般有两个叛逆期，在学龄前，孩子会出现第一个叛逆期，而大概在孩子十二三岁到十七八岁的时候，又会进入新的叛逆阶段。孩子在叛逆期会表现出强烈的自我意识，希望自己能得到别人的重视和尊重，他们有自己的想法和意见，不想完完全全按照大人的指示行事，会通过唱反调、耍贫嘴、执拗顽固等方式来表现自己的不满，这就让父母感到孩子越来越不听话了。

其实，绝大多数在父母眼中看起来"坏"的孩子并不是真的坏，只不过是孩子的行为不符合父母的期望与目标罢了。孩子进入初中阶段，不再像学龄前、小学阶段那样对父母的话言听计从，他们会逐渐把自己的想法直接表明，甚至反驳父母为他做的各种违背他意愿的决定，这就让父母感到很难受，觉得不可理喻：为什么孩子突然不乖、不听话了？孩子以前可不是这样的啊！

这种"不乖"和"不听话"在父母看来就是叛逆，这是大部分父母都面临的"坏孩子"的问题。但是，无论是从生理还是心理发展来讲，叛逆并不能算作坏孩子的一种表现，更不是判断一个孩子是好是坏的标准。

有意违背父母意愿的行为就是叛逆心理的作用力，更是青少年成长过程中经常会出现的一种心理状态，是孩子逐渐走向成熟的必经之路，也是一种心灵的自我完善过程。

初中阶段的孩子的身体普遍开始发育，从体形和身体素质方面都有一个飞跃式的转变，而孩子的心理发展往往跟不上身体发育的速度，也就是说，孩子的外貌越来越像成年人，而心理机制却正在向成熟过度。青春期是一个过渡期，更是一个介于幼小与成熟之间的"青涩"状态，在这一年龄段的诸多变化中，有一个特殊变化要引起父母们注意，那就是孩子的独立意识和自我意识日益增强，迫切希望摆脱父母的监护。孩子不再乖乖地听凭大人们摆布，更反对大人把自己再当小孩看待，而常常以"我长大了，不要你们管"来回应父母的指示和教育，常以成人自居来获得内心的满足感。

为了表现自己的"成熟"，他们会对任何事物持批判的态度，迫切希望靠自己的力量和判断来控制独立自由的生活。但是，由于他们在经济上依旧需要依附于父母，迫使孩子必须出于生存的本能继续安稳在家庭里，即使心里有一百个不乐意也不会真正地脱离家庭追寻自由。

虽然，叛逆的心理从严格意义上讲并不是一种非健康的心理，但是当它反应强烈的时候却是一种反常的心理，会给孩子自己和家庭带来许多不良甚至消极的影响。如果不及时加以矫正，继续发展下去必然会对孩子的成长非常不利。

父母要认识到，孩子的叛逆是心理发展变化到一定阶段的自然结果。但是，孩子的反叛程度和平复时间却与家庭教育有着直接的关系。健康融洽的家庭教育能够使孩子在包容、耐心、平和的氛围中平稳、顺利地度过叛逆期；而亲子之间缺乏正常交流、父母对孩子的教育太过苛刻等，都会激化叛逆期孩子的矛盾心理，使孩子与正常的轨道逐渐偏离，不仅使孩子与父母之间的关系跌入冰点，而且还常常让孩子的波动情绪得不到稳定，变得不近人情、和亲人疏离、出现厌学甚至厌世情绪，很容易在缺乏引导和教育的情况下误入歧途。

对于父母来说，在这个危险系数相对较高的时期，该如何与叛逆的孩子相处，如何引导孩子积极健康地生活？

◎ 正确看待叛逆的两面性。

任何事物都具有两面性，都要一分为二地看待。也许孩子在叛逆期的表现常常令人大跌眼镜或很难接受。但是，反叛的孩子往往很有个性，有自己独特的眼光和处事原则，从侧面可以反映出孩子鲜明的个性，勇敢大胆会创新，能够抛弃陈旧的束缚为自己开创新天地。如果父母对孩子的天性一味地打压而不懂得积极地引导，会使他们逐渐失去个性，变得人云亦云，乖巧听话却毫无想象力、创造性。所以，父母要正确看待叛逆的两面性，在原则问题上要坚持，在非原则问题上允许并接纳孩子的叛逆反应和行为，并给予孩子更多的耐心和保护，和孩子一起顺利度过这一时期。

◎ 不能简单粗暴对待孩子的"不听话"。

学校的花圃里开了一朵很大的玫瑰花。这朵花不仅十分艳丽，更是出奇地大，每天都吸引了许多人来学校欣赏。

为了防止有人偷摘花，校长让园丁专门做了块告示牌——"禁止摘花"。虽然每天看花的人很多，但每个看花的人都没有因为私欲破坏了这片美丽。

有一天傍晚，校长也来赏花，可当他正站在护栏外端详玫瑰花的时候，从腰间伸出的白胖小手却突然摘下了那朵玫瑰花。校长有些生气，低头一看，原来是一个十二三岁的小女孩。校长皱了皱眉头，看看那块"禁止摘花"的告示，又看看把鼻子深深埋进玫瑰花陶醉在玫瑰香味里的小女孩，不禁摇了摇头，但还是蹲下来问小女孩："你为什么要摘下这美丽的花呢？你不知道这花不能摘的吗？"

小女孩说："这朵花好大好漂亮，有那么多人来看过了，可我的奶奶生病了，躺在床上来不了，我也想让她看看这朵花，我保证，奶奶看完了我马上还回来。"

校长听了，原本想责怪孩子的想法被女孩对奶奶的浓浓爱意感动了，也被"摘了花还能还回来"的童真逗乐了。校长站起身又摘了一朵玫瑰花送给了小女孩，并对她说："你摘的大玫瑰送给你的奶奶，祝愿她早日康复，相信过不了多久，她就能和你一起来学校看新开的更大的玫瑰花了。这朵小玫瑰是送给你的，祝贺你已成长为一个孝顺、懂事的孩子。"

不了解内情的人会认为这个小女孩的行为很自私，应该受到指责。可是，当我们知道她的行为是出于对奶奶的爱时，我们往往又会原谅她。同样的行为因为不同的解释产生了不同的效果。可见，对于孩子的言行，父母要善于倾听他的想法和意见，不能只看表面就简单粗暴地把孩子的行为归咎为错误。作为父母，我们应该把尊重和信任放在教育的首位，让孩子既能感受到父母不怒而威的威慑力，又能体会到来自父母的尊重与关爱。

◎ 了解孩子的身心变化并加以体谅。

父母要尽早了解孩子在初中阶段出现的生理和心理的变化，要学会体谅孩子，站在孩子的角度和立场用他们的眼光看待并思考问题，坦然地接受孩子的变化。比如，孩子的兴趣爱好已经影响到了学习而孩子还不自知，父母不要立即毫不留情地禁止，而要尝试走进孩子的内心，和孩子一起了解他的兴趣爱好，从旁提醒他什么是该学的，什么是不该学的，什么是可以放弃的，什么是必须坚持的，让孩子逐渐认识到自己的兴趣受到父母尊重的同时，也应该学会成年人那样成熟地控制欲望，学会分清主次。如果父母能试着多了解孩子的想法，与孩子和谐相处，就会变得通情达理，更容易走进孩子的内心世界，孩子当然就不需要叛逆来达到自己的目的了。

◎ 放下架子和孩子加强沟通。

父母对处于叛逆期的孩子一定要加倍关心，并学会尊重他们，更要主动加强亲子间的沟通和交流。如果父母只注重给孩子提供物质方面的照顾，而缺少了思想上的关心和交流，会在不知不觉中使亲子关系日益疏远，孩子的需求得不到重视或回应，孩子就会像脱缰的野马一样变得叛逆而不可约束。

其实，对于大多数处于叛逆期的孩子来讲，他们表面上看起来好像不愿意和父母交流，故意同父母闹别扭、对着干。而实际上孩子与父母沟通的愿望十分强烈，有时候他们的反叛和不听话只不过是吸引父母注意、要求父母安慰的方式而已。"会哭的孩子有糖吃。"听话、懂事的孩子往往不会让父母太过操心，父母会有更多的时间处理自己的工作和生活琐事。孩子知道，如果自己不听话、表现得让人担心，父母就会主动围在自己身边。所以，反叛很可能是重新获得父母重视的有效行动。作为父母，不要把忙碌当成忽视孩子的借口，不要让忙碌成为家庭教育的"头号敌人"，一定要在工作之余多陪孩子，多和孩子聊天，和他们一起参加他们感兴趣的活动，以平等的态度做孩子的知心朋友，让孩子尽情发泄成长带来的压力和困惑，减少叛逆情绪的产生。得到了父母足够的关注和爱护，孩子也就不会再以反叛的方式吸引父母的关注了。

◎ 批评教育要讲求方法。

当父母对孩子的反叛行为很反感，不能接受孩子的行为时，要批评孩子，这是毋庸置疑的，但批评教育也要讲究方法。不要在气头上批评孩子，更不要责骂孩子"傻瓜""笨蛋"，而应该帮助他认识问题。

父母要在事情发生后立刻批评，具体指出孩子做错了什么，还要明确地告诉孩子，他们的行为带给父母怎样的感受，会对别人造成怎样的麻烦和伤害。对孩子遇到的学习、技能、生活或交际方面的困难，要及时予以帮助，关切地提示，让孩子感到自己能够做好而努力去做，并从完成任务中得到满足，从而增强自信心，减少与父母的对立情绪。

孩子并非天生就是一个不听话、爱捣乱的人，他们并非真的想处处和父母作对，父母必须明白：叛逆不等于坏，叛逆的孩子也不一定就是坏孩子。父母千万不要因为孩子的顽皮、好动、顶撞甚至出格的举动就给他贴上"坏孩子"的标签，使他不自觉地趋同于被父母划定的类别，限制了他们心理的自然成长。要正确对待孩子的叛逆，不随意给孩子的性格和行为特点下结论，而要引导孩子不断强化好的行为，促使他们向积极的方向发展。

26. 接纳并理解孩子的情绪

不少父母苦口婆心、语重心长地给孩子讲道理，而孩子却根本听不进去，不仅依然我行我素，还变本加厉。为此，父母感到很难过，也很委屈："孩子怎么就是不能明白我们的苦心呢？"

其实，亲子之间出现这样的矛盾并不是不可调和的，症结就在于父母在喋喋不休地对着孩子讲道理的时候，完全没有顾及孩子的感受和情绪，总是想当然地用自己的思维去主导孩子的行动，总是寄希望于使用自己的权威让孩子屈服。在现实中，要想解决孩子的问题，就要积极地理解并接纳孩子的情绪。

接纳孩子的情绪，就是对孩子烦躁、快乐、气愤、忧虑、激动的情绪给予必要的关注和尊重，并且能够理解，而不是视若无物或毫无顾忌。一旦孩子的情绪被接纳、被理解了，孩子的内心就会变得平和，能够对接纳自己情绪的父母感到尊敬，产生好感和信任，并发自内心地愿意与父母保持良好的沟通，更乐于配合父母行事。

上初二的小聪越来越不听话了，在家里时常和父母唱对台戏。

小聪经常气呼呼地抱怨学校的饭菜不好吃、同学爱炫耀、老师势利眼，而每当这个时候，小聪的妈妈总会以过来人的角度教育小聪要懂得珍惜粮食，要跟同学友好相处，要从自己身上找原因不要老是责怪他人。小聪对妈妈的说教特别反感，母子二人还常常因为不同的观点发生激烈的争执，最后冷战好几天，弄得小聪爸爸安慰这个、哄那个，被夹在中间很难受。

小聪妈妈逐渐认识到自己的问题，认真地对自己往日的教育方式进行了反省，意识到自己和儿子发生争执的主要原因是自己没有接纳孩子的情绪造成了儿子的敌对情绪。小聪妈妈明白，很多时候，儿子抱怨往往只是诉说而已，他并不需要得到妈妈的意见，更不需要听任何说教性的话语。意识到问题所在之后，小聪妈妈不断提醒自己，要学会接纳儿子的情绪，尽量控制情绪。

有一天，儿子回家之后又抱怨今天的球赛输得太不值，场地不好、人员搭配不协调，连啦啦队都很不给力。面对儿子噼里啪啦的抱怨，小聪妈妈一

直忍着，只是默默地坐在小聪身边，认真地听。等
小聪终于发泄完了，妈妈只是淡淡地说了一句：
"嗯，你说的妈妈都能理解。"

小聪瞪大了眼睛，看着妈妈慈爱的微笑，给了
妈妈一个久违的拥抱，对妈妈说了一句让她差点儿
掉泪的话："妈妈，你真好！"

处于青春叛逆期的孩子，对人生和事物有了自己独特的
观点和看法，很多时候，他仅仅是想抒发自己的情感，表达
自己对事物的看法而已，如果父母一味地指责、批评孩子，
反而让孩子无处发泄心中的烦闷，觉得自己得不到最亲密的
家人的理解，反而愈加激动、暴躁。父母们应该向小聪妈妈
学习，努力控制自己想对孩子进行说教的冲动，默默地接纳
孩子的情绪，理解孩子的烦躁和困惑，让孩子通过语言宣泄
之后感到舒畅、轻松，从而使孩子的行为得到调节。

一般情况下，接纳孩子的情绪可以用简短的话表示接纳、
认真倾听孩子的谈话、用和孩子相同的感受对孩子做出相应
的回应这三种具体的方法。

◎ 用简短的话语对孩子的情绪表示接纳。

不少父母发现，在孩子宣泄情感、滔滔不绝地诉说时，
父母用"嗯""是吗""我懂了""我能理解"等简短的语言

表示接纳，可以换来孩子平静的心情，更能获得孩子的信任。如果孩子抱怨学校食堂的饭菜难吃，擅长接纳孩子情绪的父母会说："哦，多多少少吃一些吧，晚上我们在家好好吃，要不周末给你做点儿好吃的。"而不善于接纳孩子情绪的父母则会说："不好吃？别人怎么都吃得下？我可是给你交了餐费的，你可别浪费了！"很显然，孩子更愿意听到前者所说的话，而后者的回答让孩子感到更加烦闷。

同样的道理，如果孩子放学回家，进门就抱怨："作业真多，累死我了！"父母说："是吗？那先歇会儿吧，吃点儿水果。"孩子听了，会感受到父母的关心，父母并没有对孩子的话表示认可或否定，但已经接纳了他的不满情绪，孩子获得了认同感，心里就会逐渐变得平和。而要是父母听见孩子说"作业多，累死我了"的反应是："你累？我还累呢！每天屋里屋外地收拾，还要上班、买菜、做饭，我都没喊累，你才多大啊？以后累的日子还长着呢！"父母连珠炮式地过激反应更会激起孩子的不良情绪，使孩子变得更加暴躁、易怒、无处发泄。

◎ **认真倾听孩子的谈话**。

倾听孩子的谈话有助于赢得孩子的信任。对于父母来讲，倾听可以让孩子愿意主动坦诚心里的困惑、烦闷或是秘密，能够更好地了解孩子的生活状态和学习状况。所以，当孩子与父母谈话的时候，父母要尽可能地认真倾听孩子的谈话，抓住机会和孩子谈论他所感兴趣的、受到困惑的、寻求帮助的话题。这样不仅能让孩子感受到父母的关注，更能使孩子与父母之间的关系日渐融洽，孩子也更愿意把更多的心里话告诉父母。

◎ 用和孩子相同的感受对孩子作出相应的回应。

父母都有初中阶段的成长经历，当自己的孩子处于青春期时，父母不妨回想自己当时的生活情境，尝试用和孩子相同的感受理解孩子的行为，回应孩子的情绪。比如，孩子通过努力，考出了好成绩，面对喜不自禁的孩子，如果父母说："怎么有了一点儿成绩你就骄傲自大、沾沾自喜了？"父母的这番话如同冷水扑面而来顿时浇灭了孩子兴奋激动的心情。如果父母说："真不错！你的努力没有白费，相信你保持这种学习状态，下次考试一定会更优秀。"孩子的兴奋和激动被父母所理解，孩子的努力被父母看在眼里，这会让孩子感到很有成就感，在心理上和父母的距离更近了一步。

当然，接纳孩子的情绪并不等同于完全失去父母的评判标准，赞同孩子的包括不良、极端等一切情绪，父母在接纳孩子的情绪当中，要注意觉察孩子情绪中的不良因素，积极地纠正孩子的不正确想法和行为。

童年时期的亲子关系对一个人性格的形成、品质的培养、意志的磨炼、与人交往模式的建立，都起到了决定性的作用。建立亲子关系，父母首先要懂得爱、理解、信任、陪伴、赞赏、包容。

第五章

亲子：
建立亲子关系的 6 个工具

27. 爱

    高尔基曾经说过:"爱孩子,这是连母鸡都会的。"但是,怎样爱孩子,怎样给孩子他所需要的爱,却并不是每个父母都能够有清醒的认识。不少父母给孩子的爱是披着"爱"的"害",而也有不少给孩子的爱是严格的管制。随着孩子年龄的增长,父母与孩子之间的分歧和隔阂越来越大,孩子认为父母对自己太严,对自己不尊重;而父母也觉得孩子越大越难教育。

    每位父母都是疼爱自己的孩子的,但怎样的爱才能对孩子的健康成长起到促进作用,才算是真正的爱呢?

◎ 平等地对待孩子，和孩子做知心的朋友。

很多父母对孩子的爱只表现在关心孩子的学习成绩、能否考上重点高中、孩子身体状况等，而对孩子的心理、思想、个性关爱不够，而孩子恰恰需要父母关心的是后者。不止一位中学生愤愤不平地对老师说："我父母哪是关心我呀！他们最关心的就是分数！一回家就知道问两句话：作业写了吗？考了多少分？除此之外我说什么他们都没兴趣。"

父母对孩子的爱应该体现在日常生活中，比如耐心地倾听孩子提出的问题，而不是总问一些抽象得难以理解的问题或是诸如"你考试得怎么样""最近这段时间的英语学得如何"之类"沉重"的话题，避免一和孩子聊天就必会涉及"学习"等敏感问题，这些话题容易使孩子产生对立情绪，使原本和谐的谈话气氛变得紧张，让孩子从内心就不愿意和父母交谈。

在孩子主动向自己倾诉的时候，父母不要随便发表自己的见解，多听听孩子在说什么，让孩子感觉自己是在和一个年龄相仿的朋友谈心。

不少父母感到困惑的是，自己也希望能和孩子做知心的朋友，"但孩子不拿我们当朋友啊？"这源于教育方法和家庭环境的问题。如果父母一和孩子聊天就唉声叹气，抱怨孩子学习不好、爱撒谎、懒惰成性等，对孩子的不信任和不屑的态度，在孩子看来就是不平等的，不可能像面对面的朋友那样进行更加深入的聊天，孩子害怕父母责骂或打他而不敢说实话，只好用谎言来求得自保，在此基础上的谈话有什么意义呢？所以，父母对孩子予以最基本的尊重才能得到孩子的信任，父母放低自己的姿态和孩子交谈，孩子才会愿意把自己的心里话告诉父母，父母才能走进孩子的心和他成为朋友。

◎ 对孩子多点体贴和关心，而不是溺爱。

在平常的生活中，父母要从生活中的细节对孩子表示出更多的关心和体贴，让孩子感受到来自父母的温情，认识到自己在父母心目中的重要地位，这样有助于孩子在和睦、温暖的家庭环境中逐渐形成良好的性格。

小柔是一名初二的学生，原本性格开朗活泼、爱说爱笑，可自从她的父母离异之后，跟着姥姥姥爷生活的小柔就像变了一个人似的，和同学的关系渐渐疏远，成绩也下降得很厉害。她曾多次向主动关心她的班主任老师表示，她感觉自己就像一个多余的人，特别是父母分别另组家庭之后，对她的关心越来越少，到后来就不管不问了。

虽然姥姥姥爷对小柔爱护有加，但毕竟缺少了

父母的关爱，小柔的精神状况也每况愈下，经医生
检查，小柔不仅得了胃溃疡，还患上了抑郁症。

孩子需要在充满爱的氛围中成长，父母不能因为工作忙
而忽略了对孩子的关爱，更不能因为婚姻的变故而放弃对孩
子应尽的责任和义务。小柔的父母是失职的、没有责任心的
父母。但是，我们也在日常生活中看到另一种极端，那就是
溺爱。

父母关心体贴孩子，这是人之常情，但往往许多父母把
对孩子的关心和体贴变成一味地迁就、满足，对孩子百依百
顺，即使是孩子提出的不合理要求也会积极地一一满足。这
种"爱"也是一种对孩子不负责任的表现。

晓凝小学时成绩优异，个性乖巧，可刚上初一
就迷上了网络，整天沉浸在虚拟世界中，饭也不吃，
学也不上，还背着父母偷偷网恋。父母对孩子的变
化感到很恐慌，却认为是自己对孩子的关心不够造
成的，于是想方设法表达对女儿的关心：孩子关在
房间里玩电脑，父母怕她饿了渴了，主动端茶送
水；夏天，怕孩子上网热了，在房间里单独安了空
调；女儿的游戏卡没钱了，妈妈就带她上街买卡充
钱或是给女儿新开银行账户存上钱让女儿在网上买
卡……父母以为，自己对女儿这么体贴、百依百顺，

可女儿却仍然沉醉在网络中不见好转。

到开学的时候，晓凝没上几天学就不愿意去了。妈妈很着急，第一次对女儿下达了命令："不上学就不许玩电脑！"可晓凝使出了"一哭二闹三上吊"的招式，摆出了"再逼我读书我就去跳楼"的架势，彻底使父母没辙了。一个原本乖巧听话、成绩优秀的孩子从此堕落在虚拟世界里无法自拔。

晓凝的父母做到了对孩子体贴、关心，却做"过"了。父母无止境、无限度地满足女儿的无理要求，认为那就是对女儿的关心和疼爱，却使女儿在网络里越陷越深。所以，父母要表达对孩子的爱，更要注意限度和方式。

◎ 懂得把爱和严格要求结合起来。

对孩子严格要求正是出于深切的爱，父母不能受盲目的爱的支配，而要在对孩子的爱中保持清醒的头脑，用长远的眼光看待孩子的问题，在爱中含严，在严中有爱，才能使孩子在正确的引导下不断调节自己的前进方向，成为让父母放心的独立的人。

当然，这里所说的严并不是对孩子严厉、苛刻、动辄打骂，更不是以"高标准、严要求"对孩子提出苛刻的要求，而是以合理、宽容、耐心的心态对孩子进行引导和教育。对于初中阶段的孩子来讲，他依然缺乏人生经验，不善于控制自己的情感和行为，父母的严只是从旁边提醒他应当从实际出发主动、自觉地学习、健康生活并养成良好的思想和行为习惯。

28. 理解

或许大家都有这样的感受：无论孩子年纪有多大，在父母眼里，孩子永远都是孩子。那么，孩子就需要父母的管教、监督。对于初中阶段的孩子而言，年纪比小学时大了，见识也多了，更有主见和自我意识了，如果父母还认为孩子懂的事情肯定没有父母多，就用命令的语气要求孩子能做什么或不能做什么，不把孩子完全当独立的人看待，那么孩子必定会产生极强的叛逆心理和反抗行为，这也就是不少父母纳闷的"小学时都特别乖巧听话，怎么到了初中就变了？"

每位父母也是从牙牙学语度过青春期逐渐长大的，但时间的流逝和人生的阅历好像使父母在不经意间逐渐淡忘了自己年轻时的影子，总是在看到女儿暗写情书而气愤不已的时候忘记自己也曾经有过思春的年纪；总是在看到儿子穿着"哈伦裤"耍帅的时候忘记自己也曾经为了标新立异在装扮上费尽心思……作为过来人，一旦变成了父母，看到自己孩子的种种青春期表现时就受不了了。所以，父母要走进孩子的心，成为孩子的朋友，给孩子他所需要的爱，就要放下姿态主动地尊重或理解孩子。

◎ 了解初中阶段孩子的心理特点，理解孩子的变化。

初中阶段的孩子有三个很显著的特点：一是拥有极强的自尊心，二是具有强烈的独立意识，三是容易受到坏的影响。所以，父母要了解孩子进入初中阶段的心理特点，在孩子进入初中之前或入学初期就要与他进行一次深入的交谈，可以向孩子列举一些小学和初中的不同之处和可能遇到的困难，并强调初中学习的重要性，同时也要注意鼓励孩子，表达父母的期望。

由于 13—16 岁的初中孩子思维比较敏感，自我意识增强，不愿再像小学阶段那样事事都和父母商量，所以，父母要在了解孩子心理变化特点的基础上理解孩子的想法和表现出来的独立意识，不要轻易地把"不听话""叛逆"等贬义词用于对孩子的教育中，更不能因孩子表现得没有小学阶段那么顺从就随便给孩子"贴标签"，不要总把孩子当无知幼儿那样反复在他耳边讲父母怎样为他付出，那样只会招来孩子的逆反心理。

父母对孩子的理解，要表现在生活的细节中。凡事不能再像孩子在小学时那样对他耳提面命，而是在尊重的基础上先询问，然后认真倾听孩子的辩解，再判断孩子的问题或错误是否属于原则性的过失，继而通过和孩子进行沟通，协助孩子处理好他遇到的难题或问题。

◎ 尊重孩子"我长大了"的意识。

孩子进入初中阶段，在为人处世的态度和行为方式上都开始以成年人自居。同时，孩子也渴望得到父母、老师等成人式的信任和理解。所以，父母要发自内心地尊重孩子的"成人"意识，在对孩子说话、相处时的语气，交流、教育的方式方法上都要做一些必要的调整。比如，对待小学阶段的孩子，父母经常会抚摸孩子的头对孩子表达关爱和呵护，但对于初中阶段的孩子而言，他们就会认为父母仍然把他们当作孩子看待，忽视了他们已经成长的事实。此时，父母就有必要改变交流方式，把抚摸孩子的头变成轻抚孩子的肩或背，让孩子感到被尊重，满足他成人式的心理需求。所以，父母要努力把孩子当作大人看待，特别是在设计孩子成长的一些重要事情上，更要先与孩子进行沟通，认真听取孩子的意见，然后再做出决定。即使孩子的意见在父母看来仍然很幼稚，但父母一定要给予充分的尊重；即使不赞同但也要耐心倾听，不随意反驳，更不能擅自替孩子做主，那样必定会引起孩子的反感，使亲子关系变得不融洽。

◎ **不要以为孩子"真的长大了"。**

不少父母看到孩子进入初中了，差不多和自己一样高甚至超过自己了，就完全把他当大人看待，就在孩子的教育问题上采取放任自流的态度，让孩子随心所欲地发展，这也是不妥的对待方式。

父母要明白，尊重孩子"我长大了"的意识，但也要认识到，孩子长大的只是身体，而他们的心理发育还将在一段时期内处在儿童阶段，辨别是非的能力仍然较低，管理自己的能力也欠缺，适应环境的能力也较弱，父母对这个阶段孩子的教育不仅不能放松，反而更要换个方式、有针对性地抓得更紧。"有针对性"的意思就是不要把注意力全部集中在孩子的作业和考试上，而要把培养孩子的良好品格和行为习惯放在家庭教育的首位。

29. 信任

许多父母发现，孩子进入初中之后，往往变得没有小学时那样听话，尤其是男孩，父母叫他这样，他却偏要那样。如果父母面对表现执拗的孩子生气、动粗，孩子也不会像小时候那样哭哭啼啼发泄一番，取而代之的是横眉冷对父母高高扬起的手掌。这孩子怎么了？这样的孩子怎么教？

其实，如果父母换种方式，以信任的心态和眼光来对待孩子，或许就能收到意想不到的结果。

小丁近段时间成绩有所下滑，妈妈感到十分担心。小丁的爸爸是外科医生，工作比较繁忙还常常加班，教育小丁的重担就落在了妈妈肩上。虽然爸爸从不苛求家里的环境要如何美观、儿子的身体多么健康，但小丁的妈妈总是希望能做到最好。

面对小丁的成绩，妈妈似乎感觉到小丁这段时间的"不正常"：小丁开始注意外表了。以前上学随便找件外套的现象没有了，现在的小丁比较注意仪表问题；以前放学回家会先在楼下和朋友玩一会儿，现在回家就把自己关在小屋里上网。

"儿子好像早恋了！"面对小丁种种看起来反常的举动，妈妈得出了这样的结论。

怎么办？怎么办？儿子才初二啊！小丁的妈妈十分着急，几次三番趁小丁上学后偷看小丁的日记、翻找小丁的裤袋，甚至疑心小丁会把情书夹在某本书里面而把家里的藏书检查一遍，但是一无所获。

对了，妈妈想起来，小丁爱上网，是不是"网恋"？妈妈赶紧打开电脑，可密码输入不正确无法登录小丁的聊天软件。于是，妈妈想到了一个主意，那就是自己注册一个账号，在网上匿名和儿子聊天，了解儿子的真实思想动态。

周末，小丁妈妈见儿子在上网，就佯装要到邻居家帮忙做粽子，就跑到小区附近的"网吧"上网，并且很容易通过了小丁的聊天软件验证，成了小丁的"网友"。经过几小时的网聊，小丁的妈妈确认儿子没有早恋，终于放心了。

妈妈是放心了，可纸包不住火，妈妈的这一举动还是在几个月后无意间暴露了，小丁到小区外的食品店买可乐，无意中瞥见坐在"网吧"里的妈妈。当他悄无声息地站在妈妈身后看到那个熟悉的网名时，小丁顿时泪流满面，歇斯底里地闹着要离家出走。

小丁妈妈的做法并不是个案，生活中，有不少父母正在或准备采取这种方式了解孩子的真实想法，这种偷看孩子个人隐私的教育方式，其实是非常危险的，不仅不能获得准确的信息反馈，反而还会使孩子产生强烈的不信任感，令孩子从此厌倦或抵触父母的关心，甚至深受打击离家出走。

在初中学生眼中，"平等"和"值得信任"是评判父母是否爱自己、是否称职的重要标准。根据中国青少年研究中心 2019 年所做的《中国中小学生学习和生活的现状与期望》调查结果显示，在中学生最喜欢父母的 10 种做法中，位列前 3 位的分别是：信任我（63.5%），说话算数（49.2%），让我平等参与家庭生活（31.7%）。可见，孩子是多么希望得到父母的信任啊！父母对孩子的爱，如果没有信任成分，那将是非常可怕的。

了解孩子的秘密，掌握孩子的成长，担心孩子一时疏忽酿成大错，是每一个父母"爱"的天性。关于自己孩子的一切个人信息，对于父母来说都具有强烈的吸引力，但是，随着信息化时代的到来，不仅使父母的好奇心有所增加，更让父母感到孩子可以借助网络、手机等工具加强沟通、获得信息，而父母却不能同步获悉，这让父母的权威地位产生了动摇，使父母的好奇心更甚。

其实，了解孩子个人信息最有效的途径，不是千方百计、偷偷摸摸地以"侦探"的方式获取"情报"，而是和孩子建立起亲密的信任关系，因为教育从根本上来讲就是一种关系，良好的教育依靠良好的关系来维系，如果父母与孩子之间能够保持和谐、融洽的关系，孩子就会在心中坚信："爸爸妈妈是信任我的，他们知道我想要什么，我可以大大方方地告诉他们我的想法。"这要比所有"侦探手段"都管用。相反，孩子一旦发现自己的隐私遭到偷窥，就势必会在相当长时间内以各种形式进行反抗或表达不满情绪，必将影响到父母对孩子的教育效果。

当然，信任绝不等于"嗯，好的，我相信你"而对孩子不管不问。未成年的孩子必须得到父母的引导，正值青春期的孩子，更需要父母适时地为他把握航向。所以，父母完全可以利用假期，多和孩子结伴外出旅行，在旅行的过程中敞开心扉、充分交流，培养并巩固亲密的亲子关系，这是了解孩子、与孩子产生相互信任的最好方式之一。

30. 陪伴

晚上 11 点，一位刚下班回家的爸爸打开家门之后，看到儿子一反常态没有睡觉，还在灯下看书。爸爸一面揉着太阳穴，一面叮嘱儿子："时候不早了，早点儿睡吧！明天还要上课。"

趁妈妈到厨房给爸爸热饭的时候，儿子小声地询问瘫坐在沙发上的爸爸："老爸，你一个小时工资多少钱？"爸爸眯起眼睛，疑惑地回答："55 元。你要干吗？"

儿子听了后，从自己的裤兜里摸出 50 元，对爸爸说："爸，这是我两周的零用钱，不过还差 5 块，先欠着。"

爸爸更加困惑了："这是干吗呢？"

儿子笑眯眯地说："我想买下爸爸一个小时的时间，周末陪我玩航模。"

现在的父母为生计奔波忙碌，钱赚得多了，可陪孩子的时间却越来越少，而不少父母还认为孩子已经到了初中，应该更加独立，要像个大人一样生活，所以父母的陪伴可有可无。于是，不仅每天忙于工作鲜少在家吃饭，到了周末更是加班、出差，只是按时给孩子伙食费、零用钱或一些小礼物对孩子表示关心。

天下的父母都希望孩子的生活是舒适安逸的。"我们辛辛苦苦还不是为了孩子？"确实，父母尽自己最大的努力尽量满足孩子的各种要求，认为自己给孩子创造好的生活条件和学习环境，满足了孩子的物质要求，就是对孩子最好的爱，然而，优越的物质生活条件并不能代替孩子需要的精神关怀。

读初二的晴晴住在城郊的高档别墅区里，家里布置得金碧辉煌，光是家里的小狗就有一位专职保姆。但是，晴晴却并不快乐。她的爸爸是民营企业的老板，每天忙着公司的业务还常常出差；妈妈虽然是全职太太却每天不是打牌就是购物。虽然有管家和保姆的照顾，但晴晴却感到很孤独。爸爸给她买了不少玩具，却从没有陪她玩过一次；妈妈送了她不少衣服，却从没有替她搭配过一次。爸爸妈妈好不容易都在家，也常常是电话不断、应酬颇多。

绝大多数人一生中只有一次当父母的机会，如果在家庭里父母对孩子缺少关爱，关系冷漠，即使是家居富丽堂皇，生活锦衣玉食，也没有欢乐幸福可言，这样为人父母的一生必定会有许多遗憾。

工作紧张忙碌、心理压力大，这是不可否认的现状，有的父母甚至还要把工作带回家接着做，即使孩子就在自己身边，也没有时间和孩子说话，更没有时间陪伴孩子。忙碌，不仅让父母失去了了解孩子的机会，而与孩子的心越走越远；忙碌，也使父母带着急躁的心情处理孩子的事情，对孩子大喊大叫、发号施令，让孩子越来越不听话，越来越叛逆。

孩子的健康成长并不是靠丰富的物质生活来保障的，更多的是需要父母的陪伴、亲情的慰藉。如果父母与子女之间缺少共同语言、没有共同的兴趣爱好，父母不屑于倾听孩子那些鸡毛蒜皮的小事，都会使亲子沟通出现困难，家庭教育也面临失败的危险。

有的父母说："我也知道要陪伴孩子，也能抽出时间来陪孩子，可就是不知道如何陪孩子玩。"其实，父母向孩子表达充满爱意的交流方式很简单，那就是陪孩子共度一点儿时间。比如和孩子聊聊天，问问孩子一天都遇到了哪些事情，有没有特别开心或值得记忆的事情；或者询问孩子学习上有什么困难；也可以陪孩子读一本有趣的书籍。陪伴孩子，并不一定要追求形式上的玩耍、聊天、运动，而是要让孩子在父母的陪伴之下感受到关爱。如果爸爸在陪孩子下棋的时候不断接打电话，或者妈妈在和孩子聊天的时候不时看表，着急和邻居打牌，这样的陪伴不仅流于形式而且没有任何效果，反而会让孩子产生不信任的感觉，在以后的日子里拒绝向父母袒露心扉。

父母陪伴孩子，关键不在于陪伴的次数多少、时间长短，而是陪伴的质量。即使父母只和孩子在一起几分钟的时间，只要一心一意地和孩子在一起，也能让孩子感觉到对他的爱。

31. 赞赏

毫不夸张地说，每个人都喜欢听好话，都希望获得别人的肯定和赞赏，孩子同样如此。来自父母、长辈、邻居、老师乃至同龄人的赞赏会让孩子感到更加自信，更有信心做好自己的事来证明给别人看："我的确就像你们夸奖的那样棒。"所以有人说："聪明的孩子都是大人夸出来的。"看似有些夸大其词，却也有一定道理。

可是，在日常生活中，不少父母确实注意到了要对孩子多加赞赏，可在具体情况时却又往往流于表面，赞美孩子"哇塞，你太厉害了""你真棒"，这样不具体、敷衍意味浓重的赞赏不仅不能拉拢孩子的心，起不到任何激励作用，反而还会使孩子认为父母仍然把他当小孩子看，还在用对待小学或幼儿园孩子那样的方式对待自己，这对迫切希望成人化的初中孩子而言是难以忍受的。孩子不买账，相反，还会把父母的赞赏视为"唠叨"，逐渐产生了反感，甚至对父母的教育形成逆反心理，亲子关系越来越僵，给家庭带来更多的麻烦和烦恼。

没有谁会讨厌或拒绝别人的赞赏，如果父母能换个角度来看待孩子，用发展的眼光看待正在长大成人的孩子，通过多个角度认真研究孩子的特点及长处，真心实意地给予孩子切实、中听的赞赏，才能把"赞赏"这个富含肯定和爱意的情感表达方式变得易于被孩子接受，从而促进孩子进入"期待赞赏——努力——成功——获得赞赏"的良性循环当中。

◎ 有细致深入的了解才有切实中听的赞赏。

有的父母为赞赏而赞赏，让孩子觉得父母的溢美之词太过随意，听起来很虚伪，不仅不领情，还会产生反感。所以，赞赏孩子之前要对孩子进行细致深入的观察，了解孩子的可赞可赏之处。

在赞赏孩子的时候，要饱含感情、表情到位、配合肢体语言，同时，也要把握好分寸，对赞赏的事情要有深入、具体的描述。如果妈妈赞赏参加奥数比赛获奖的孩子："好儿子，你真是太棒了！"会让孩子备受鼓舞，但好像和自己平时考试得高分获得的赞赏一样，没有什么新意。要知道，奥数那么难，孩子能够获奖，自然期待父母更加热烈、与众不同的赞赏。所以，妈妈不妨对孩子说："你能参加奥数比赛已经很厉害了，而且你还获了奖，更是不简单！看来你很有数学天赋。老师说你解题思路清晰，数学基础很扎实，在数学方面很有发展潜力，如果保持这样的热情继续努力，以后有极大的可能成为一名数学家！不过，当然啦！你开心才是最重要的，爸爸妈妈也知道你为这次比赛付出了太多的努力，你看，你的努力有了很好的回报，我们很为你感到骄傲！"相信孩子听了妈妈这样有说服力并且很体贴的赞赏，会从心里感到被肯定的幸福感，也会体会到父母的开心和骄傲。

◎ 孩子更喜欢当着外人的面获得赞赏。

有时候，父母会发现，自己在和同事、朋友打电话或面谈时，在不经意间描述自己孩子取得的成绩被孩子听到了，孩子看似心不在焉，可心里早已乐开了花，学习起来更加努力认真。这是什么原因呢？

> 小琪一向喜爱舞蹈，即使进入了初中，也依然坚持自己的兴趣爱好，而父母也很支持。小琪不仅在舞蹈方面有特长，平时的学习更是没有落下，还是班里的学习委员。对于小琪的努力和毅力，父母常在和别人聊天的时候，不由自主地表达出作为父母对孩子这般努力的自豪，对小琪坚强毅力的钦佩。当小琪听到父母在别人面前开心地给予自己很高的评价时，她的心里特别高兴，认为父母特别能够理解自己，亲子之间的感情更加深厚了。

孩子希望获得别人的赞赏，特别是来自父母的肯定和评价，如果父母能够在外人面前对自己加以褒奖，孩子就会认为特别有"面子"，觉得自己的优点已经扬名在外，并受人瞩目了，那种自豪感是父母关上门在家里赞赏孩子所不能比拟的。但是，在生活中，不少父母都会在与别人夸赞自己孩子的时候为了表示谦虚而说自己孩子："哪像您说得那么好啊！缺点多着呢！"然后当着别人的面如数家珍地把自家孩子的缺点一一列举，孩子听着心情十分烦躁，认为父母这样当着外人的面说自己很让自己"没面子"，往往闷闷不乐或者当着外人的面和父母顶嘴、反驳。这样不愉快的聊天其实经常出现在我们的生活当中。如果父母能够了解孩子的心理需求，能够理解孩子的想法，批评和夸奖都有技巧性，孩子就不会产生反感、叛逆的情绪了。

◎ **孩子更喜欢父母赞赏他新近的变化。**

有的父母在赞赏孩子的时候，往往喜欢把孩子以前和现在的表现加以对比，这种做法并没有错，但如果在对比当中只关注到了孩子做得不足的地方，而忽略了他新近的努力和变化，就会让孩子觉得父母的眼光总是只看到自己的缺点，久而久之，孩子会逐渐失去信心，不想继续努力，因为无论他多么努力，父母总是看到他的不好。

> 心悦报了英语提高班，父母对她专心学英语的热情很是高兴。可心悦却渐渐高兴不起来。因为这个提高班是心悦自己提出的，一开始父母还很为她热心学习感到欣慰，时常夸奖她。可学了一个学期之后，心悦却不愿意再继续学了。不是因为她厌倦

了英语学习，更不是因为她没有通过提高班学到知识，而是父母的态度让心悦的热情一次次减弱了。

刚进提高班的时候，心悦的英语单词量很大，获得过老师的表扬，父母也很自豪。但是，在接下来的学习中，心悦的听力训练不太理想，父母就老拿听力说事；在作文训练时，心悦的句法出现了问题，父母又认为心悦没有用心学，甚至指责心悦报提高班是在浪费钱。总之，父母的态度让心悦感觉到他们的眼光越来越高，而且总是只看到她的不足，不仅不对她阶段性的成绩感到满意或表示鼓励，反而越来越迫切地希望心悦通过英语提高班能够在英语方面有所突破，最好能够在雅思考试中得高分。

面对父母不断增加的要求，心悦觉得很无奈，认为自己当初的决定真是自找苦吃，对英语学习也渐渐没了兴趣。

由此可见，心悦的父母有点"得陇望蜀"，不断对女儿提出更为高难度的要求而忽视了心悦的每一个进步。所以，在平时的生活中，父母可以侧重于关注孩子的隐蔽的、新近的良好变化，让孩子感觉到自己的一点点进步，父母都是看在眼里的，这会使孩子感受到父母的关爱，从而受到鼓舞。

32. 包容

不少教育专家指出，父母要尽量放低自己的姿态，站在孩子的角度以孩子的眼光看待并思考问题，这就是对孩子基于尊重的理解。其实，在理解的基础上包容孩子，更是每位父母要尽量学会的与孩子的相处之道。

一位法国化学家由于卓越的成就，众望所归获得了诺贝尔奖。当记者采访时询问："今天获得伟大的科学成就，是否与您童年的家庭教育有一定关系呢？"这位化学家几乎不假思考地回答说："当然有！而且现在看来这种关系还相当密切。"化学家坦诚地说："我今天的成就应该归结于我的妈妈。"

"在我五岁的时候，一次独自到厨房去拿牛奶。那时是玻璃瓶装着三斤重的牛奶冷藏在冰箱里，可我在拿玻璃瓶的时候一下子没抓住，玻璃瓶碎了，整瓶牛奶都撒到了厨房的地上。妈妈听到了响声赶紧跑了过来。我本以为妈妈会打我一顿，结果妈妈只是检查我是否受伤，然后对我说'既然牛奶已经洒了，我们看它还有什么用。'她提议把我平时叠的纸船找出来，在这个'牛奶海洋'里畅游。"

化学家陷入了对往事的回忆当中："我找来了纸

船，妈妈也把地上的玻璃碎片收拾干净了，地上的牛奶看起来真的像一片乳白的海洋。我和妈妈拿着纸船在那片牛奶海洋上比赛起来，玩了 20 分钟，直到纸船湿透了。然后，妈妈把我领到院子里，找了一个一模一样的瓶子跟我说，'刚才你之所以把牛奶撒到地上，是因为不知道怎么抓，现在妈妈灌满水，你现在右手抓瓶颈，左手拖瓶底，试一下。'我在草坪上，来回走了十多次，等到我学会了拿牛奶瓶之后，妈妈相信我以后再也不会打破瓶子了，就让我玩去了，而且也没有把这件事告诉给爸爸。"

化学家说："这件事影响了我一生，在我后来做科学实验时，特别是实验失败之后，我总会想起妈妈把牛奶变成有价值的东西，所以我也会努力从失败的实验里寻找有价值的东西；除此之外，通过这件事，我从童年开始就认识到一个人任何错误都可以犯，只要以后改了就可以，下次做对就可以了。所以，不害怕失败，不害怕犯错误，是我成功的关键秘诀。"

每个人都会有犯错的时候，俗话说"金无足赤，人无完人"，当孩子犯错误或无心之失的时候，父母要学会包容，用宽容的态度对待孩子，而不是以粗暴的训斥或打骂促使孩子

"长记性"。

现在不少父母看到孩子做了错事或者反复犯同一错误就感到怒不可遏，轻则大声训斥孩子，重则动手打、罚跪，父母的行为其实只是让孩子在当时感到害怕，迫于压力而赶紧求饶，并没有真正认识到自己的错误，下次很可能再犯。而父母的粗暴对待会束缚孩子的思想和行为，损伤孩子的创造性思维，伤害孩子的自尊心，打击孩子的自信心。

心理学告诉我们，孩子的过错行为其实是具有偶然性和盲目性的，往往出于好奇和喜欢模仿的原因，而即使是孩子反复出现的相同或类似错误，也在很大程度上因为孩子对错误认识不够，对纠正错误的具体方法操作不当造成的。也就是说，没有坚持错误死不悔改的孩子，只有教育或引导不当加重孩子叛逆心的父母。

那么，父母应当如何对孩子宽容呢？

◎ 引导孩子认识自己的错误之后予以适当宽容。

给孩子宽容是基于孩子对自己的错误有所认识的基础上的，如果孩子对自己的错误没有清醒的认识，甚至觉得错了也无所谓，在此基础上的宽容很容易就变成了纵容。所以，父母要注意教育方法，引导孩子认识到他的错误，使孩子有想要改正的决心和动力，适当保护他的自尊心，让孩子受到一定的鼓舞之后痛改前非。

◎ **鼓励孩子做没做好的事。**

像前文所说的那位化学家一样，他没有抓住牛奶瓶导致玻璃瓶摔碎、牛奶撒一地，但他的妈妈并没有就此剥夺他拿取牛奶的权利，而是耐心地以实物的方式指导他如何抓握玻璃瓶，掌握拿取的方法。但是，在我们的日常生活中却常常见到，孩子没有做好某件事，父母不仅会大声呵斥，更会从此禁止孩子再做那些事情，认为孩子一次错，次次都会错，不愿意再为孩子收拾"烂摊子"，就此剥夺孩子不断锻炼和巩固的机会。所以，父母应该鼓励孩子把那些没有做好的事情尽量多加练习、经受锻炼，在实践中逐渐得以巩固。这种鼓励也是宽容的重要表现。

◎ **宽容不等于放任或纵容。**

宽容是一种积极的引导性教育，是在孩子已经认识到错误的基础上对孩子的一种信任态度。如果对孩子改正错误丧失信心，就等于不负责任地放任孩子不断地重复错误。同样，无限制地宽容也会使父母对孩子的尊重和信任逐渐演变成为一种无原则性的纵容行为。对于孩子，放任和纵容都是不可取的。

◎ 父母要做好孩子的榜样。

父母是孩子的启蒙老师，父母的一言一行、一举一动都会对孩子起到举足轻重的作用，孩子会在朝夕相处、耳濡目染中继承并发扬父母的秉性，人生观、价值观也会受到父母的影响。所以，无论孩子犯什么样的错误，父母都要努力心平气和地对待，更要用发展的眼光看待自己的孩子，对孩子多些宽容，通过自己为孩子树立良好的榜样，使孩子在父母的为人处世中学到宽容的态度和对待周围事物的坦然、淡定和乐观，并逐步达到自我反省、自我管理的高度。

青春期的孩子是性格形成期，以自我为中心，很难听进去别人的意见。促进与孩子的沟通，最关键的问题是和孩子谈话聊天时，首先要理解和肯定孩子的看法，再谈自己的意见，同时父母也要学会安静地倾听。

第六章

沟通：
和青春期的孩子做朋友

33. 在平等的前提下交流思想

　　父母是孩子人生路上的第一任老师，家庭是孩子的第一所综合性学校，而亲子关系则是家庭教育中最为核心的部分。所以有教育专家这样指出亲子关系的重要性——"好的亲子关系胜过任何教育"。良好的亲子关系能够使孩子感受到父母的爱意，享受到家庭的温暖，体会到亲情的重要。因此，为了和孩子建立并保持良好的亲子关系，沟通必不可少。

　　沟通是教育孩子的核心问题，只有良好的沟通才能对孩子起到实质性的教育目的，才能根据实际情况及时调整亲子关系，使教子成功不再是一种奢望和幻想。

　　不少父母或许感到很纳闷：沟通不就是说话，和孩子保持联系吗？自己每天和孩子说的话不少，这样的沟通频率应该是很好的吧！其实这只是一种对沟通的误解。生活中，父母对孩子说的话里，一般以"快点儿""听话""细心一些"等语词使用频率最高，而这些话语只是提醒和唠叨，根本算不上和孩子进行交流，更谈不上心与心的沟通了。长此以往，孩子不仅不能体会到父母对自己的关爱，反而会把这种形式的话语当作耳旁风，置若罔闻。面对孩子出现这样的情况，父母更应该从自己身上找原因，而不能把一切归咎于孩子。

孩子进入初中之后，从以前小学阶段的顽童变成了少年，无论在学业上还是生理上都有很大的变化，父母看到儿子、女儿长大了，以前的玩心就该收敛了，就很希望孩子能够努力读书、品学兼优、身体健康。这种期望随着孩子的年龄增大、年级递增而日益增强。然而，父母却没有意识到，自己还在以对待小学生的方式和孩子保持着"单向沟通"，常常以指导者、管理者的姿态对待已是初中生的孩子；经常把"你就是没出息""你必须……"等话语挂在嘴边，甚至对孩子任意斥责或打骂。这种不平等的居高临下的态度和强硬的方式不仅无法赢得孩子的真正合作，反而会损伤孩子的自尊心，使孩子产生叛逆心理，更造成了亲子之间情感上的对立。

父母这种对待孩子的态度和方式，其实是传统教育方式的盲从。在西方，孩子可以大胆地对父母的安排提出并表达自己的观点，而在中国，父母总是习惯于摆出长者的架子对孩子进行领导。令人可笑的是，仍然有不少父母以孩子害怕自己为荣，认为孩子看到自己就吓得发抖是很成功的教子方式，是把孩子完全掌控在股掌之间的正统教育。

长此以往，这种被强力压制而不得不屈服的孩子会形成两种极端：一种是自卑胆怯，除了对父母，对其他的长辈都会盲从，没有自己的想法和意见，即使有也采取压抑的手段迫使自己放弃，这样的孩子一生都是不快乐的；另一种是极为叛逆，当孩子忍耐到极限时就会奋起反抗，这样的孩子往往造成难以收拾的局面，会使父母和孩子两败俱伤。这两种极端都是亲子间极大的对话差距造成的，不仅不能形成良好的沟通关系，更会对孩子的终身乃至整个家庭造成难以估量的灾难。

在家庭中，父母要把孩子看作和自己一样的、平等的个体，而不是父母的附属品。父母要尊重孩子的观点和看法，对家庭的事务，特别是对与孩子有关的事情，要多和孩子进行平等的交流，共同协商解决，而不是仅凭父母单方面的考虑就把应该由孩子自己处理的事情进行决定。

小妙的妈妈是一个严谨、整洁而又泼辣的人，在妈妈的管教之下，上初中二年级的小妙从没有为自己选购过服装鞋帽，房间里的摆设更是妈妈为她一手布置。

小妙读小学的时候，别的同学都很羡慕她有一位为孩子考虑得很周到的妈妈。妈妈总是把小妙的白球鞋刷得特别干净，总是会给她准备可口的饭菜，总是会在下雨天第一个打伞来接，总是不用小妙开口就会买来漂亮的书包和文具。总之，小妙的生活在朋友看来，是无忧无虑的，因为妈妈总是提前就为她考虑到并处理好了。

可是，进入初中后，小妙渐渐高兴不起来了。她喜欢的那双运动鞋还没有破就被妈妈送人了，理由是"旧了，送给别人了"。她私下买的短裙被妈妈嘲讽："啧啧，太难看了！"没过几天就没了踪影。她自己搭配妈妈买的衣服正要出门上学，被妈妈在门口叫住："你这么搭配太难看了，脱了，穿我给你找的这件。"……

小妙忍不住对妈妈说："妈妈，你带我上街，我自己选衣服吧！"在妈妈的满口答应下，小妙挽着妈妈上街了，可小妙看中的，妈妈摇头说："你审美有问题。"这件不行，那样也不好看，最终，还是妈妈以她的眼光给小妙买了衣服。小妙有些不开心，认为妈妈太过包办她的生活了，而妈妈却很难过：

　　"我什么都替你考虑到了，你只需要专心学习就行
了。我给你买的东西都不便宜，谁给我买，我高兴
还来不及呢！"

　　　　小妙知道，妈妈是为了自己好，可妈妈的这种
做法却让她很不开心。

　　小妙的妈妈是典型的把小妙照顾得无微不至的"保姆式
妈妈"。她确实很爱小妙，但她给小妙的爱并不是小妙需要
的，妈妈的这种倾泻式的全方位关爱其实对小妙来说是不平
等的，会让小妙在以后的生活中独立性越来越差。即使小妙
心有想法，也会害怕承担责任。所以，鉴于给孩子健康、积
极、正面的家庭教育，父母要在平等的基础上和孩子保持
沟通。

34. 听清孩子在抱怨什么

　　不少家长反映，自己照顾孩子的身体、关心他们的学
业，还要忙自己的工作，更要兼顾两边老人，已经忙得连轴
转了，可回到家孩子却总是抱怨这不好，那不对的，一听就
来气。已经很累很忙了，还吃力不讨好，任何人都不会觉得
自己开心。但孩子们也不是天生喜欢抱怨、生性就爱愁眉苦

脸，他们皱着眉头嘟嘟囔囔的话语，我们是否认真听过？是否听清过？

　　姗姗回家后把鞋子一脱、书包一扔，就趴沙发上生闷气。

　　妈妈从厨房出来，一边擦手一边想过去安慰姗姗，问她这是怎么了。

　　姗姗一脸愤懑地说："玲玲真讨厌！简直就是个吝啬鬼！借她一本杂志怎么了？看看都不行！要不是书店卖完了，我非买它几十本砸在玲玲脑袋上不可！"

　　姗姗妈妈接过话茬说："哎哟，不就是一本书嘛！生这么大气至于吗？买几十本？你还真有钱哪！你考试分数没人家玲玲高的时候咋没见你这么激动说'非比她多几十分砸她脑袋'呀？"

　　原本还愤愤不平的姗姗一听妈妈这么说，立刻回到自己的房间了，"砰"一声把门锁上了，留在客厅的妈妈继续唠叨了……

　　姗姗妈妈这种随时随地都拿分数说事，时刻打压孩子的做法是极为不妥当的。

　　父母不要以为孩子向自己诉说这些的时候，是为了寻求我们的明确支持或帮助。如果那本杂志货源充足，即使姗姗妈妈给女儿足够买几十本书的钱，姗姗也不会真的去买那么多，更不会想着去砸玲玲的脑袋。其实，孩子大多数时候只是有口无心地说说而已，仅仅是把憋在心里的牢骚和苦闷发泄出来罢了。

每个人都在经历了不愉快、不顺利的事情之后会感到难过、愤懑，小宝宝被别人夺了零食还会以哇哇大哭来表达不满，更何况经历越来越多人事的初中生呢？随着年龄增大，我们在遇到令人不开心的事情之后产生了种种负面情绪，为了不让这些不好的情绪影响我们的生活，我们会想一些办法处理、化解它们。有的人选择默默流泪、有的人会向人缓缓倾诉、有的人会找什么东西拳打脚踢后才舒心，而有的人就会选择抱怨。

父母不禁会问：孩子不愁吃不愁穿，我们给他们提供好的条件，他们只需要做一件事——专心学习就好了，有什么可抱怨的？

孩子的抱怨是他情绪的反映，是适应环境的能力折射，关系到孩子身心的健康发展，父母不能单纯地站在家长的角度远眺孩子的感受，一厢情愿地认为孩子"身在福中不知福"。孩子进入初中后学习任务加重、休闲时间减少、自身成长所带来的身心变化等，都会产生各种难以名状的压力。

其实，少年并不是"不知愁滋味"，而是"初识愁滋味"

又不知道该如何描述并加以解决而已。如果父母对孩子的抱怨不予理会、不耐烦，甚至粗暴地纠正孩子爱抱怨的坏习惯，总是不给孩子抱怨、发泄的机会，长此下去不仅仅会使孩子的自尊心受到伤害，还会使孩子与父母渐渐疏离。

试想一下，孩子总是把心里话告诉自己最亲近的人，如果总是被拒绝、被制止，他还有可能把我们当作最信赖的人吗？他们还会觉得自己是父母最爱的人吗？如果孩子的抱怨长期得不到应有的重视，不满和委屈长期压抑在心里无处发泄，必然会影响他们心理的健康，产生许多心理疾病。

那么，当孩子抱怨的时候，父母可以这样做：

◎ 听完孩子的抱怨不随意打断。

如果一个孩子向家长抱怨："食堂的饭菜太难吃了！"而家长立刻质问他："为什么不吃，别人都吃了，你怎么就不能吃？给你交了餐费不好好吃饭，还想怎样？！"孩子并没有说自己"不吃"，他的话还没有说完就被粗暴地打断，父母连孩子的真实意思都没有听清楚就阻止了孩子表达自己的不快，这样错误的沟通方法会令双方产生误会。

在我们还没有听完，没听清楚孩子要表达的意思，还没找出问题症结所在之前就粗暴干涉、阻止，孩子会感到很无助，以后遇到什么事也不会告诉父母了。

◎ 和孩子一起分析原因。

孩子的生活环境相对单纯，比起以后进入社会所遭遇的种种波折确实没有什么可抱怨的，但很多时候，抱怨的事对他们而言意义重大、印象深刻，如果父母能够认真倾听，一定会发现问题所在。像前面故事中的姗姗抱怨玲玲不给她看杂志，这时，妈妈如果能够和姗姗一起分析原因，是不是玲玲自己都没看完所以不愿意外借？是不是姗姗借书时的口气太生硬，有强迫的意味？是不是玲玲已经答应借给其他同学了？姗姗和玲玲之间是不是存在什么误会？耐心地帮助孩子寻找原因，能够使孩子和别人更好地沟通交流，孩子遇到不顺就抱怨的情形也会大大减少。

35. 孩子不听话，先看自己是否听了孩子的话

在教育孩子的时候，父母总是对孩子说："你怎么这么不听话啊？我说了多少遍，你都当耳旁风了啊？"可是，在斥责孩子不听话的时候，父母是否想过，自己听了孩子的话吗？

很多性格比较急躁的父母，认为孩子的事情都是无关紧

要的小事，不需要花时间听孩子啰唆，常常是孩子刚开始要和父母交谈时就不耐烦地说："我正忙着呢！"这样拒绝性回应很容易伤害孩子的自尊心，使他们觉得自己的话在最亲爱的父母看来都是无关紧要的，以至于孩子不愿意向父母表述自己的观点和想法了。

有的父母在孩子向自己陈述事件的时候，一边翻着手机杂志，一边聊着 QQ，父母的这些举动会让孩子感觉出他们的不耐烦和敷衍。

还有的父母，只听别人的片面之词就对自己的孩子全盘否定，这也使孩子感到寒心，认为连最亲密的家人也不理解自己。

吃晚饭时，小玉妈妈当着爸爸的面质问小玉："你是不是谈恋爱了？"小玉一听，赶紧保证绝对没有。妈妈很生气，说："你还跟我撒谎？！别人都看见你在街上和男生勾肩搭背了！"小玉听了有些蒙，赶紧向妈妈解释，自己可能是和同学闹着玩的，可能在逛街的时候勾肩搭背了。可妈妈居然抬手就是一巴掌打断了小玉的话。

这时，原本默不作声的爸爸立刻抓住了妈妈准备扇第二次的手，并示意小玉和妈妈都冷静一些，他说："旁人的提醒，是好意，但只是看到偶然的表象，不一定就说明小玉恋爱了。而小玉的陈述有一定的合理性，但不能完全肯定你说的都是真实。这个问题，我们要再观察一段时间，向老师和同学做深入的了解，然后再下结论，好不好？"妈妈同意，小玉也捂着脸默默地哭了起来。

最后的事实证明，小玉性格开朗，和同学在一起，不分男女，有说有笑，勾肩搭背，仅此而已。小玉还原了本来面目，早恋的疑点也从父母的脑海里删除掉了。

小玉的妈妈正是因为没有耐心听完小玉的陈述，而盲目地做出了错误的判断，使小玉受到了委屈，和妈妈之间的关系更加疏远。

所以，在教育孩子不听话之前，父母要先问问自己，是否听了孩子的话，是否认真倾听了孩子对自己的告白。

听孩子说话，不是一件简单的事情，父母采取不同的听话方式或态度，产生的结果也是大相径庭。为了更好地听孩子说，父母不妨采纳以下建议：

◎ 态度平和地认真倾听。

不少父母在听孩子说话时，常常因为自己忙于思考其他事情或认为孩子描述的事情毫无意义就粗暴地打断孩子的话，往往不耐烦地对孩子说："有什么值得大惊小怪的？""没见我正忙着吗？"父母这样简单粗暴或者心不在焉地对待孩子的倾诉，孩子会感到很失望，觉得父母根本不在乎他的事情，长此以往，孩子会越来越不愿意和父母交流，更不愿意听父母的话，因为对他来说："我说的你们都不听，干吗要我听你们的？"所以，父母在听孩子说话时，神情要专注，注视着孩子的眼睛，耐心地倾听，并且坚持听完孩子的描述或诉说，即使有事情也尽量等孩子说到一定的段落再用适当的用语询问孩子："我这里刚好有一点儿事，很着急，必须马上处理，能给我五分钟时间吗？"使用商量的口吻来打断孩子滔滔不绝的讲话，比较能被孩子接受，也会使孩子感到被尊重。

◎ 对孩子描述的事情保持热情和兴趣。

孩子的生活阅历相对于大人而言是比较浅薄甚至幼稚可笑的，即使孩子到了中学阶段，视野开阔了，但仍然在一些方面或某些时候会表现出社会阅历的匮乏，所以在孩子兴致勃勃地向父母描述事情时，即使在大人眼里看来是很简单或荒谬的，父母也一定要认真地听，表示出兴趣和热情，如果在孩子口若悬河地描述"UFO"时，父母适时地反问他："真的是这样吗？太神奇了！"父母的表现会让孩子感到一种被重视的快乐，更会激励他们去发现探索新鲜事物，同时还能锻炼孩子的观察能力和语言表达能力。如果父母听到孩子激动地谈论"外星人绑架地球人"时立刻反驳："你又胡说八道了，以后别看这些乱七八糟的东西！"父母的这种态度会让孩子感觉到很失望，以后也不会再注意身边发生的变化或有趣的事情，更不会把自己感兴趣的东西与父母分享了，无形中就会使亲子之间形成交流的障碍和沟通的壁垒。

◎ 只做听众，不做裁判。

孩子在遇到自己感兴趣的事情时，迫切地想和父母分享；在遇到想不明白的事情时，也会想找一个倾诉对象。父母作为孩子最亲密、最信任的人，完全应该以最亲近的态度接纳孩子的情绪，让孩子知道，他完全可以毫无保留地把自己的心里话告诉父母。此时，父母要做的就是静静地倾听，做好一个听众，而不要着急下结论或者为孩子出谋划策。

很多时候，孩子对父母描述生活中遇到的事情，往往只是希望父母能够听，并不一定需要父母的指导或教育，但有很多家长，没等孩子把事情的经过说完就已经嚷嚷开了："什么？考试的时候后面的××偷看你试卷，你反而被老师批评？你不知道解释吗？要据理力争懂不懂？……"或许孩子已经很好地处理了这件事，澄清了自己，也得到了老师的信任，但孩子的话还没说完，父母就着急上火的态度着实让孩子感到憋屈。所以，孩子在讲话的时候，父母不仅要耐心、专注地倾听，还要不轻易发表自己的看法，不随便当裁判评论孩子在事件中的行为。这样才能使孩子感到"爸爸妈妈和我站在一起"。

倾听孩子说话，看似很简单很不起眼，却需要父母付出极大的爱心和耐心，通过倾听孩子说话来了解孩子的内心世界和情感需求。只有给孩子说话的机会并耐心听了孩子的话，才能在孩子面临各种压力或困境时感同身受，才能帮助孩子分析问题并切实提供来自父母的真诚的帮助或协助。

36. 孩子要的是父母而不是领导

"我这孩子怎么了？从幼儿园到小学都很听话，父母说什么就是什么，特别乖，怎么进了初中就像完全变了个人似的，不仅不听话，多说两句他还生气了呢！真是越大越不懂事！"像这样的抱怨我们常常听到，也常常看到一脸愁容的父母思前想后就是想不通自己的孩子为何在这么短的时间内就变得那么陌生。

其实，这样的情形并不是个案，不少家长都反映过类似现象。不过，我们往往只注意到了孩子不听话、不乖的表现，却忽视了进入初中的孩子已经不是那个需要父母全权掌握的小孩了，他们已有"我长大了"的感觉，认为"我能自己做"。

如果父母忽视了他们的这一大变化，就很容易误解孩子的真实想法，不能明白孩子的心思，反而会片面地认为孩子越大越不懂事，还自认为很委屈："小时候还知道心疼人，长大了就不懂得体谅我们，真是白养你这么多年了！"甚至不由分说地责骂孩子，这样不断拉大与孩子的心理距离，把孩子越逼越反。这也正是许多家庭中，孩子进入初中后就特别叛逆的一大因素。

有的父母认为孩子是自己生的，"就得听我的，而且得无条件服从，况且我们可是真心为他好啊！"他们以"这样做是为你好，是爱你"的名义对孩子呼来唤去，常用命令的语气对孩子说：

"把我的公文包拿来！"——这是教育你尊敬长辈；

"不要动那堆资料！"——这是提醒你尊重他人隐私；

"今天晚上不准出去玩！"——这是让你明白外面黑了，我们很担心你……

爱用命令语气与孩子沟通的父母会逐渐发现，孩子慢慢地不吃这一套了，不仅不会认为你是在为他好，更会常将父母的一道又一道的命令当耳旁风。

　　而有的父母则在日常生活中把原本可以很容易被孩子接受的要求用命令的语气表达，结果孩子不仅不会按照要求做，还会在粗暴的命令中形成孩子与父母的对立情绪。

　　悦悦完成作业后正在专心地画她喜爱的卡通画，可是妈妈这时候却命令她："悦悦，过来帮妈妈洗菜。"悦悦很不情愿："妈妈，我在画画呢。"妈妈立刻严厉地说："我让你帮我洗菜，你没有听见吗？你不想吃饭了吗？"

　　悦悦有些委屈地说："妈妈，我还有一会儿就画完了，很快的，你先让我画完吧。画完我马上就过去。"妈妈见悦悦不仅没有立刻动身，还"狡辩"，妈妈生气了："你的画能当饭吃吗？一天到晚画那些乱七八糟的东西，学习的时候怎么没见你这么用功啊？"妈妈一边说着，一边从悦悦手中抢过画笔扔到了一边，并命令悦悦："帮我洗菜去！怎么越大越不懂事了！"

　　悦悦看着原本就要完成，却被妈妈抢笔时划了一道显眼痕迹的画纸，眼泪夺眶而出，难过地对妈妈说："今天我就不帮你做饭。我不吃饭了还不行吗！"说完，她哭着跑进了自己的房间。

　　妈妈不仅在悦悦的画纸上划了一道深深的划痕，更无情地在悦悦的心中把母女之情划得体无完肤。

如果父母老对孩子用命令的方式支配来吆喝去，时间一长，孩子会出现两种极端倾向，要么始终处于被动服从的地位，形成退缩的性格，什么都得依靠父母拿主意，父母不说就不知道该做什么，依赖性特别强，更缺乏主动性；要么就经常顶撞父母，极具逆反心理，对父母的话语一概否定，走入社会后也会具有反社会性。由此可见，命令并不是一种好的教育孩子的方式。

◎ 平等地交谈比命令更有效。

小齐的父母在教育儿子的过程中很注重教育方式对孩子的影响。他们和小齐说话的时候，从不用命令的口气，即使小齐犯了错误或有一些比较顽固的缺点或者一些错误，父母也总是用温和的方式劝他改进，并且和他一起找原因、想办法，从不会用盛气凌人的态度教训他。

在这种家庭环境下成长，小齐和父母的关系一直都很好，自己的小秘密也愿意和父母分享。初二上学期的时候，小齐喜欢上了班里的一个女生，他想向那个女生表白，可是又怕被拒绝，每天见到对方就忐忑不安，不见又很思念的日子让小齐很烦恼，在学习上也有些分心。

爸爸感觉到了小齐的"不对劲"，和小齐谈心之后明白了"儿子长大了"。听完小齐的话，爸爸并没像有些家长那样对孩子横加指责，而是向小齐讲述了自己的经历，并建议他把这份好感暂时埋藏在心里，好好学习，等将来长大了再向那个女孩儿表白。小齐觉得爸爸说得有道理，便调整好心态，集中精力专心学习了。

小齐的爸爸在教育儿子的过程中，没有家长的架子，从不用命令的口气或者盛气凌人的态度教育他，而是和孩子站在平等的位置。这让父子俩一开始就建立起了良好的亲子关系，因此当小齐遇到问题的时候也会坦诚地告诉爸爸。

有些家长遇到这种情况会一蹦三尺高："什么？这么大点儿就早恋？！成何体统！""你必须把全部精力放在学习上，成绩那么差，还好意思想那些乱七八糟的事情！"有些望子成龙、望女成凤的家长还会专门到学校要求老师换座位、上下学对孩子全程护送，有些甚至将孩子直接转学到别处。这样过激的反应怎么可能让孩子敞开心扉与父母沟通呢？孩子肯定把什么事都埋在心里，即使发生了不好的事情也不愿主动向父母求助，父母往往是"最后知道真相的人"。所以，平等地交流、谈心比命令更有效，更能走进孩子的心里。

◎ 和孩子协商，征求孩子的意见。

涉及孩子自身的事情，家长可以多征求孩子的意见，多和孩子商量。这样不仅会让孩子感到自己受到了父母的尊重，而且还能锻炼孩子的自理能力，使孩子能更加独立地思考问题。并且，这样和谐的家庭氛围有助于孩子减少对家长的抵触心理，消除家长和孩子之间的隔阂，促使孩子在遇到事情或遭遇问题的时候主动和家长沟通，逐渐建立起良好的亲子关系。

颜夕的父母比较注重和孩子平等对话，遇事总是会征求她的意见，不管她的意见是否可行，都会问问她对事件的看法或解决办法。家里有事情，也会和她商量后再做决定。

颜夕的奶奶买菜时不小心摔了一跤，腿骨折了，妈妈不得不去奶奶家照顾一段时间，但又担心自己走了，颜夕会不习惯，毕竟每天都是妈妈和颜夕相处的时间最长。于是，妈妈和颜夕商量这件事情，征求她的意见。

颜夕明白，妈妈这一去，至少一两个月，"伤筋动骨一百天"她是听说过的。而爸爸平时只会做一些简单的饭菜，有时还经常加班，妈妈走了自己的伙食肯定会降低档次。而且自己还要全权负责家里的卫生，要做很多妈妈平时做的家务。想想觉得挺麻烦的，但是，她一想到奶奶在病床上需要有人照料，还是同意让妈妈去照顾奶奶。

因为妈妈事先和颜夕商量过了，征求了颜夕的意见，所以在妈妈照顾奶奶的那段时间，颜夕从没有抱怨过，还经常打电话关心奶奶的病情。周围的邻居都夸颜夕是个独立、能干的好孩子。

颜夕的妈妈做得很好，她并没有自作主张，也没有把自己的意愿强加给颜夕，命令她必须服从，而是征求她的意见。不仅解决了问题，而且锻炼了颜夕的意志力和处理问题的能力。不像有的家长直接告诉孩子最终结果，并且说："这事儿就这么定了！听话！"这样毫无选择、没有半点回旋余地的命令必定让孩子很不情愿地接受。

37. 懂得"人前表扬，背后批评"

好孩子是夸出来的，这是一个无须多言的道理，对处于初中阶段的孩子也同样适用。然而，总有些时候，孩子的行为会让父母抓狂，不得不把批评这个武器搬出来使用，有的父母担心批评会不会给孩子留下心理阴影，批评的话语说得不合适会不会让孩子产生逆反心理？其实，只要批评运用得当，而且特别注意方式，懂得"人前表扬，背后批评"的技巧，看起来不被接受的批评同样也会起到很好的教育效果。

时下，很多父母依然奉行"人前教子"的教育方式，常常当着众人的面或是在公共场合对孩子大声呵斥甚至打骂，这样的做法只考虑了父母的尊严，而没有顾及孩子的自尊心，往往适得其反。

　　小迪过14岁生日，除了爸爸妈妈给她庆祝了生日之外，小迪还央求妈妈给她两百块钱，和几个要好的朋友在餐厅过"没有大人参加的生日派对"。面对乖女儿的请求，妈妈爽快地应允了。

　　周末，小迪和朋友们相聚在餐厅，正吃得很兴奋的时候，妈妈却突然来了，而且还对小迪勃然大怒："我说你怎么这么好心，说在餐厅聚餐就不会弄脏家里，原来你是故意背着我们搞小动作！"几个孩子听了小迪妈妈的话，丈二和尚摸不着头脑，小迪更是满头雾水。

　　见小迪愣愣的样子，妈妈冷冷地指着小迪身边一个男生质问起女儿来："你说，你跟他是不是在谈恋爱？小小年纪不学好！今天要不是我跟着来，还不知道你背着我们干的好事！"

小迪这才明白过来，原来妈妈以为自己早恋了。小迪赶忙解释："妈妈，不是你想的那样，他就是我的同学，我可没有谈恋爱啊！"

妈妈杏眼圆睁，横眉竖目地说："还没什么？我可是站在门外观察你们俩很久了，你脸上有奶油都是他给你擦，怎么没见其他同学动手帮忙啊？你马上跟我回家！"

小迪很不情愿地跟妈妈走了。虽然妈妈和老师进行沟通，也对所谓的"小男友"进行了一番调查，两个孩子并没有太过亲密的举动，男生主动扯纸巾帮小迪擦脸主要是因为小迪被同学抹了一脸奶油之后，脸没有擦干净，别的同学指这指那，小迪还是云里雾里，男生就好心地扯过纸巾直接摁在了小迪有奶油的额头上，刚好看起来很暧昧的一幕被小迪的妈妈撞见了，由此引发了一场不小的骚乱。

虽然小迪澄清了自己的"早恋嫌疑"，可她就是不肯原谅妈妈，一连几个星期都不愿和妈妈说话，她觉得妈妈做得太过分了，不调查清楚就胡乱骂人，使自己成为同学的笑柄。

也许在小迪妈妈看来，女儿的行为举止有任何不良的

"风吹草动"都必须及时得到"控制"，在她看来，女儿不是外人，所以也不用客气，自己眼见为实，所以出于对女儿的爱和责任心，在公众场合毫不顾及孩子的感受而对孩子进行训斥是情有可原的。

很多父母望子成龙、望女成凤的心情极为迫切，对孩子的要求非常严格，在批评孩子的时候根本不顾场合，不管有多少人在场，只要看到孩子有一点儿过错，就会立刻严厉地批评或呵斥。殊不知，这样的当众批评会使孩子的自尊心受到伤害，如果父母经常性地公开批评孩子，更会使孩子产生敌对心理，使亲子关系日益恶化。

英国教育家洛克曾经说过："父母不宣扬子女的过错，则子女对自己的名誉就愈看重，他们觉得自己是有名誉的人，因此更会小心地去维持别人对自己的好评；若是你当众宣布他们的过失，使其无地自容，他们便会失望，而制裁他们的工具也就没有了，他们愈觉得自己的名誉已经受到了打击，他们设法维持别人的好评的心思也就愈加淡薄。"正如洛克所述，如果孩子被父母当众揭了短、严厉批评了，甚至被翻开了旧账让外人了解了许多尘封已久的过失，那么孩子自尊自爱的心理防线就会被击溃，心理创伤更加难以愈合。

每一个孩子都是鲜活独立的个体，都有属于他们自己的尊严，父母在教育或指导孩子的时候，一定要注意维护孩子的尊严，这一点不容忽视。或许孩子的行为在父母看来是异常、出格的，不了解原因就当众批评孩子，非但不能解决问题反而会使事情变得更糟糕，使孩子产生逆反抵触情绪，从而导致家庭教育乃至亲子关系很难维持。

有的父母不禁会问："如果孩子犯了错，难道还得顾及他的脸面而不当面指出吗？他持续犯错我们做父母的还得忍气吞声？""自己的孩子，难道教育他几句还得看场合了？""他惹事的时候怎么没考虑过大人的感受，没给大人留'面子'。大人批评他倒要给他'面子'了？"

当然，我们尊重孩子，保护他们的"面子"，对孩子的健康成长极为重要。但是维护孩子的自尊也不意味着对孩子不加管束、放任自流。孩子做错了事，必须受到批评教育的时候，一定要及时制止并明确指出错误所在，同时一定要注意方式方法。

有的父母就做得很好，他们看到了孩子出现错误，在与孩子单独相处的时候和孩子谈心、讲道理、摆事实，用平和的语气引导孩子，让孩子意识到错误，并且还使孩子心悦诚服。如果孩子的错误必须立刻制止，父母就把孩子叫到一个相对私密的小空间和孩子说说"悄悄话"。这样的良好效果是显而易见的。

当众教育孩子使孩子产生的羞愧感不亚于成年人被人当

众羞辱，即使父母教育得再正确，孩子也会因为"面子"扫地而对父母的话置若罔闻甚至恶言相向。私下的交谈正是避免孩子产生抵触心理、获得冷静思考时间的好办法。

孩子也有获得尊重的权利，不能因为年纪小就不被重视。只有自尊的孩子才会懂得自爱、自强，而自尊受到伤害的孩子就会逐渐不自信，认为自己什么都做不好。而且，尊重是平等的、相互的，父母不尊重孩子，自然也无法获得孩子的尊重。而你今天不给孩子"面子"，明天孩子也不会给你"面子"，甚至还会让你在众人面前丢"面子"。

总之，如果你维护了孩子的自尊，孩子还会对你的尊重投桃报李。

38. 不说"你必须"，多说"我觉得"

"这篇古文你都背了一个多小时了，你是猪脑子呀，无论如何，今晚你必须给我背会！我到时要检查！""你今天下午哪也不许去，必须在家老老实实写作业！""下次考试你必须考满分！"……

不少父母在训斥孩子的时候，"你必须……"常常脱口而出，父母不妨反思一下，如果自己遭遇领导、同事如此发令强制时，心里怎么想？会觉得很好受并且很乐意地去完成任务？那是不可能的。我们的孩子同样如此，学习是孩子自己的事情，只有把学习视为一种兴趣和责任才会产生内在的动力。作为一个独立的个体，孩子如果长期生活在"你必须"的命令式环境中，他的逆反也就是情理之中的了。

其实，父母与孩子的关系有时像观球者与踢球者的关系。父母站在球场外摇旗呐喊、指手画脚，孩子在绿茵场上汗流浃背、摸爬滚打。虽然站的角度不同，但终极目标却是一致的：进球。可是，观球者和踢球者之间往往又会因为所处角度的原因在合作上产生一些不愉快。

观球者认为自己统观大局，能够一针见血地看到球场上的漏洞，于是指点江山，大声对踢球者呐喊："你必须这样踢！""你必须那样踢！"一旦踢球者没有把握好踢偏了或是被人中途断球，观球者就会愤恨不已："早让你那么踢了，怎么不听我的话？"本来就踢得疲惫不堪的踢球者努力得不到表扬、失误得不到谅解，终于发作了："站着说话不腰疼！有本事你自己来踢！"

最终输了比赛，踢球者固然有责任，而场外的观球者也应当负有相当责任。

在家庭教育中，毕竟是孩子自己在学习、在生活，孩子过的每一天乃至每一分每一秒都是他自己的经历，父母不可能代替孩子去生活，就如同观球者不能代替踢球者亲自上场踢比赛一样。如果父母自恃经验丰富，不知不觉中就不厌其烦地对孩子谆谆教导，可充满训诫、命令式的口吻会让孩子对父母的帮助或期望感到反感。

不可否认，现在的孩子获得信息的途径很广，能比父母当年读初中的时候接触到更多的东西，所以父母不能倚老卖老，认定孩子必须按照自己的要求行事。虽然父母身在局外，也许能把孩子的一些错误或问题看得更清楚，但凡事不能绝对化，真正的"踢球技巧"也许还需要踢球的人慢慢琢磨。所以，父母不妨向孩子多说说"我觉得"，而尽量不说"你必须"。同时，在孩子发表自己看法时认真听听"踢球者"的想法，在适当的时候予以切实的指导。

父母看到明明很简单的题，孩子总是答不对；本来很容易背诵的古文，而孩子背了七八遍都不能完整背完第一段；原本很有规律的英语单词，孩子总是容易写错……父母此时的心情如同观球者一样，往往恨铁不成钢，心情比孩子还急。而孩子呢，他也很努力地学习，也很认真地查找资料，可还是受到父母的责骂，心里真不是滋味。对于父母的忠言逆耳更是听不进去。所以，对于孩子的苦与累，父母要表示理解，并给孩子支持与鼓励，为他加油。

父母也是过来人，也知道学习的艰辛与苦闷。所以，对待孩子，要多在他劳累、疲惫的时候，给他加油鼓劲；在孩子消极、颓废的时候，给予鼓励和帮助；在孩子偏离方向时，为他指明前进的道路；在孩子茫然无助时，给他最坚实的臂膀……告诉孩子"我觉得你应该先写完作业，那样玩得才更轻松""这次失分不重要，咱们一起分析原因所在，我觉得你还有潜力可挖""时间不早了，今天就背诵到这里吧，我觉得你明天再巩固一下，肯定能背熟这篇短文的""我觉得上课专心听，学会举一反三，可以事半功倍""我觉得先复习，再写作业，能提高效率"……"我觉得"是由己及人的体贴，也是温暖宜人的建议，更是把孩子视为朋友的尊重。将"你必须"换为"我觉得"让孩子感受到你说的每一句话都是在为他考虑，孩子自然会欣然接受，所以，多说"我觉得"，少说"你必须"。

叛逆是青春期孩子的通病，他们渴望被尊重的同时也在建立自己的权威和尊严，往往尝试着攻击家庭成员。平时很普通的一句话对他们而言变得莫名其妙，此时的孩子有了独立的意识和思想，他们变得多疑、任性，喜欢挑战，他们不再是昔日那个围着你屁股转的乖乖仔。所以，父母在与孩子沟通或教育之前，要先倾听，用心了解孩子想要表达的意思，然后试着去接纳孩子的意见和建议，等孩子毫无保留地谈完自己的想法之后，父母再发表自己的意见和见解，而且尽量使用"我觉得""我认为""我感觉"，让孩子更清楚地了解父母的感受，而不是遭受批评。

为了共同营造和谐、平等的沟通氛围，为了孩子的健康成长，为了家庭的和睦，请父母在对孩子说话时，不说"你必须"，多说"我觉得"。

对于处于青春期发育变化较大的初中生而言，由于其心理随着年龄和阅历的增长是由内向外逐步封闭的，因此如何引导和培养建立良好的人际交往关系对于他们的身心健康发展就显得尤为重要。

第七章

交往：
让孩子学会与人相处

39. 别过多干涉孩子间的交往

目前，中国的家庭以独生子女家庭为主，孩子没有兄弟姐妹，而独门独户的居住方式又使孩子与邻里之间的交往少之又少，孩子的交际范围基本仅限于身边围绕的一群大人。因此，许多孩子几乎没有什么朋友。即使孩子在学校里与同学做朋友，有些父母还往往有意无意地为自己的孩子选择朋友，并以大人的眼光"斟酌""掂量"孩子朋友的家庭，随意限制孩子之间的自由交往。

父母们担心自己的孩子会被别的孩子欺负，害怕别人的缺点、毛病、不良习气会教坏自己的孩子。为了让孩子能够拥有"益友"，父母可谓是用心良苦：性格太外向、过于聪明、打扮太漂亮、太过瘦小、眼神太灵活、家庭条件悬殊等孩子都入不了父母的"法眼"。如果孩子交的每一位朋友都要经过父母严格的"资格审查"，孩子还能交到真朋友，还能有朋友吗？

有不少成年人不善交际，和同事之间没有融洽的关系，有想法不敢和上司建议，这不仅仅是性格问题，也是小时候父母干涉太多，没有从和同伴们玩耍的过程中积累经验，语言表达能力和与人相处的能力得不到锻炼提升，造成了长大成人融入社会之后与人交往存在障碍。

每位父母都有护犊之情，担心自己的孩子在和别人的玩耍中吃亏、受委屈、受到伤害，父母的担心不无道理，是可以理解的。但是，孩子不能缺少朋友，不能缺少玩伴，虽然父母的陪玩很重要，但父母不能代替同龄伙伴，如果怕孩子被欺负而时刻锋芒尖锐地防范或者不让孩子有自己的朋友圈，就只能让孩子不断远离别人，继而把自己封闭起来。

其实，孩子之间吃亏上当并没有什么原则性的大问题，绝大多数是孩子被对方的不礼貌、侮辱性的话语弄哭，或是被别人抢了东西，或是有违自己意愿被迫听命于"孩子王"，这些相对于成人世界中的"吃亏上当"简直太小儿科了。孩子在与朋友的交往中被欺负了、吃亏上当了，这些都是他的事，是孩子自己的个人体验，孩子会在不断的体验和处理中总结与人交往的经验，学会在保护自己的前提下与朋友展开合作或竞争。

所以，让孩子在安全的范围内，让他自己去交朋友，不要太介意孩子交朋友初期的对或是错，谁欺负了谁。

绝大多数情况下，出于对孩子的安全问题的考虑，父母为孩子选择的朋友大多都是老实、听话、胆小、顺从等父母眼中的"乖孩子"，这种保护性的选择是爱孩子的表现，但却不利于孩子的身心发展。孩子会变得胆小怕事，在遭到挫折和困难时容易产生消极心态并放弃努力。

孩子要从小学习如何结交伙伴。父母不仅不能苛刻地为孩子选择朋友，更不能干涉孩子与朋友之间的交往，要让孩子自由地结交朋友，引导他们进入一个由性格各异的孩子组成的团体，而不要代替他们。当孩子在与朋友们发生纠纷时，父母尤其不要代替孩子对朋友关系进行思考，不能代替他们分析、抉择"这个朋友是否适合我"，更不要代替他们和伙伴"算账"，这样不仅会把自己的孩子推到孤立的地位，还会使孩子产生强烈的依赖性，认为遇到任何麻烦都可以求得父母的庇护，都会有父母来为自己排忧解难，从而失去独立生活的意识和能力，对孩子的成长极为不利。

在孩子与朋友交往的过程中，难免因为各种原因受到冷淡、嘲笑或是排斥，父母要给孩子多一点关心，解除孩子心理上的怀疑或恐惧等，让孩子再次勇敢地接触朋友，并逐渐从结交朋友的过程中获得更多的经验。

我们关心孩子间的交往是出于责任、安全的考虑。但关心并不直接等于干涉，我们只需要做好孩子的参谋，让孩子自己作出判断，对孩子的朋友有所尊重，才能既从侧面了解自己的孩子，又能让孩子用自己的方式和途径使择友观渐渐成熟。

40. 父母要善待孩子的朋友

中国青少年研究中心在 2019 年所做的《中国中小学生学习和生活的现状与期望》调查中发现：中小学生最不满意父母的 12 种行为里，"限制我交朋友"占 21%，排在第四位。其中，特别对于中学生而言，"限制我交朋友"成为对父母的三大不满之一。

父母赏识和尊重孩子，就应该支持孩子交朋友，并且善待孩子的朋友。这样不仅可以让孩子感受到父母对自己的爱和尊重，而且还能促进孩子之间相互学习和帮助。

孩子多交朋友，这对孩子的健康成长是十分有益的。父母友好地对待孩子的朋友，鼓励孩子与他人进行正常的交往，有利于培养孩子的社会交际能力，使孩子在今后的学习和生活中更能融入到复杂多变的真实社会中；父母通过赏识孩子朋友的优点，可以促使孩子在与朋友交往的过程中主动或潜移默化地改正自己的缺点或错误观念，这样朋友式的影响比父母的说教要更有效果，并且更容易为孩子所接受。

孩子通过交朋友，能够使孩子的自我意识得到参照，促使孩子在与人交往中自觉、不自觉地克服过强的自我意识，让孩子在群体生活当中认识到自己自私、强势、以自我为中心等个人主义毛病，孩子会在和朋友交往的过程中通过不断的碰撞、磨合渐渐遵从群体活动的规则，变得更加社会化。

◎ 鼓励孩子交个性不同的朋友。

一般来说，父母都会懂得孩子交朋友的重要性，只不过绝大多数父母都对孩子间的交往感到不放心，往往就会偏于严加控制，从而导致和孩子的矛盾激化。也许，父母换个思路效果会好些：孩子交朋友是他自己的事，如同成长一样总会有磕磕绊绊的时候，父母不能代替孩子去生活，而孩子只有在不断的亲身实践中才会明白如何择友、如何交友，如何维系与朋友之间的友情。孩子要先学会交往，在交往中学习如何与不同的人打交道，逐渐形成正确的交友观。父母要多鼓励孩子交朋友，不能以自己的好恶代替孩子划定他的朋友圈，而要善于发现其他孩子身上的优点，鼓励孩子与个性不同的朋友进行交往和学习，在与朋友的友好相处中发现别人的优点，改正自身的缺点。

◎ 配合孩子进行交友活动。

大多数孩子的同龄玩伴少，父母应当积极和有与自己孩子年龄相仿子女的邻居、朋友进行一些户外活动，比如两三家人一同外出旅游、露营等。

父母应当把孩子的朋友当作自己的朋友一样，对来家里玩的孩子的朋友要表示欢迎，让孩子的朋友感觉到对他们的欢迎和赏识，也让自己的孩子体会到父母在朋友面前很给自己"面子"，获得被尊重的满足感。

◎ 善待孩子的"差生"朋友。

不少父母总是用异样的目光来看待孩子的"差生"朋友，总是担心孩子和成绩差的朋友一起玩会变得贪玩、懒惰，学习成绩也会因此下滑，这种非理性的态度，对孩子的心理发育是很不利的。

有的父母看孩子成绩差的朋友来家里玩，表面上很客气，可等那位同学一走，就会告诫自己的孩子："以后少跟这样的同学来往！""你怎么会跟他做朋友？你别和他搅和在一起，小心变坏了！"这种两面派的做法，不但会影响父母在孩子心目中的形象，也会损害孩子与朋友的感情。

父母要充分认识"善待孩子的朋友就是善待孩子"的道理。鼓励孩子多交朋友的目的，并不一定是为了提高学习成绩，更多的是为了情感表达的需要，为孩子营造正常而丰富的成长环境。父母不能功利地认为孩子的一切都必须围绕如何提高学习成绩而定，要了解到，只要是正常的朋友，孩子们在相处和沟通中各自都能有所收获。

"尺有所短，寸有所长"的道理大家都懂，学习成绩不好，并不等于一切都差。成绩只是人的素质的一个方面。每一个人都有自己的特长和优势，都拥有值得别人学习、借鉴的地方，只有博采众长，广泛吸取不同类型的人的长处，才有可能成为一个心态好、素质高的人。

41. 让孩子学会提高"第一印象分"

心理学上把彼此陌生的人初次见面时所形成的直观感受称为第一印象，一个给别人留下良好印象的人，往往容易获得交往的成功、拥有和谐的人际关系。而一个人如果给别人留下的第一印象是不好的，甚至是坏的，那就很难纠正过来，别人会在心里存有恶感，这个人的一切关乎别人的活动都将受到限制或是进展不顺。可见，第一印象的作用不容小觑。

　　小彤和新转学来的小静做了同桌，小静平时的话比较少，而且穿着十分朴实，最让小彤惊奇的是，小静的脚上居然还穿着那种乡下孩子都不会穿的颜色花哨的塑料凉鞋。虽然小彤不止一次旁敲侧击，提醒小静应该换一双时髦的凉鞋，可小静总是微微一笑，又低头看书了。

　　小彤认为，小静的家里一定不富裕，要供她来这所好学校读书一定出了不少钱。为了照顾自己这位好朋友，小彤让妈妈收拾了自己没穿的衣服和鞋子，提到学校给小静。

　　结果小静愣了一会儿，随即开心地接受了。

　　同班的其他几个女生，平时经常聚在一起对别人评头论足，低调而朴实的小静就成了她们取笑、揶揄的对象，而小彤总是为自己的好朋友打抱不平。

　　小静在初二下学期又转学走了，小彤十分不舍。在小静走后，她才蓦然听到老师说，小静的父母在老家是著名的企业家，家里已经把小静送到国外念书了。小彤这才意识到："人不可貌相啊！"回想起小静接受自己衣物时那意味深长的笑容，小彤觉得

心理像打翻了五味瓶。

小彤认为，小静的外表朴实，脚上还穿着那种款式、质量都很差的凉鞋，家庭条件一定就很差，所以好心把自己的旧衣物送给小静。谁料到小静的家庭环境一点儿都不差，相反还很有钱。可见，小静给小彤留下的第一印象使她在小彤心目中就被定格为贫困孩子。

第一印象的作用不可小看，并不是说小静的低调就是不对的，是容易被人误解的，我们所强调的第一印象，主要是让与自己接触的对方心有好感，在较短的时间内获得别人的关心和友爱。

作为初中孩子的父母，如何指导孩子给别人留下良好的第一印象，通过提高自己的"第一印象分"获得别人的青睐和尊敬呢？

◎ 教导孩子待人礼貌、得体。

待人礼貌的人容易受人尊敬。父母要在平时的教育中提醒孩子与人说话时注意使用礼貌用语，既对别人表示尊重，又能使自己处于一种自我营造的良好舒适的交流氛围中。俗话说："抬手不打笑脸人"，待人礼貌不仅能给别人留下良好的第一印象，更能让自己在第一时间内处于主动的交往角色，能够占据有利的话语主导权。

◎ 教导孩子注意仪容仪表。

在与人交流的过程中，举止得体、坐有坐相、站有站姿的人往往更会让人产生好感。当然，良好的个人卫生状况也能给自己的第一印象加分不少。

社会心理学家普遍认为，在公共场合中，人们总是喜欢和仪表大方、衣着整洁的人交往，那是因为干净得体的服饰和仪容仪表能够表现出一个人健康、积极向上的整体风貌，显得认真而热情；而邋遢、不修边幅的仪表则会给人以萎靡不振、敷衍懒散的感觉，使人产生不信任、不可依赖的错觉。所以，父母既要提醒孩子注意仪容仪表，同时也要告诉孩子不用过于在意外表的暂时性缺陷或不雅，比如青春痘、疤痕、油性皮肤等问题。面对青春期常出现的皮肤问题，父母可以让孩子通过饮食调理或生活习惯的调节使这些问题得到有效控制并解决，让孩子重新拥有自信。

◎ 提醒孩子在与人第一次交往时要主动和对方打招呼。

不少孩子非常害羞，特别是进入青春发育期的女孩子，常常由于胸部的发育而感到难堪，不敢在与别人交往时挺胸抬头地直视对方。所以往往不喜欢和别人打招呼，即使别人主动打招呼也不太搭理，或者含胸低头地匆匆走开，这样的表现会给人留下没礼貌、没修养的印象。

父母要鼓励孩子自信起来，正确面对身体的变化，要让孩子知道，打个招呼就是面带微笑、开口称呼而已，并不是什么艰难的事情；而对方也未必会关注自己的身体变化，即使注意了，别人也会理解，因为每个人都是这么从青春期过来的，完全不用因为面部大面积痤疮或胸部的隆起而感到不好意思。只要能够放下心里的包袱以谦恭热情的态度对待对方，一定会受到别人的欢迎，以自信诚实的目光直视对方的眼睛，一定能够给对方留下深刻印象，并在不知不觉中为自己的第一印象加分。

◎ 学会修饰自己的行为举止。

行为举止是一个人内在气质、内涵修养的外在表现形式，一个习惯于瘫坐、斜坐在沙发上的人，通常行为比较懒散、随性，而行为举止比较随便、目光游离难以聚焦在对方的眼睛上的人，则会让人感到不受尊重。父母要教育孩子学会善于修饰自己的行为举止，通过交际的细节赢得对方的好感。

42. 让孩子知道倾听的重要性

让孩子学会倾听、懂得并能灵活运用倾听的技巧是培养一切良好习惯的基础。古希腊先哲苏格拉底说过："上天赐给每个人两耳两目，却只有一口，就是要人多听、多见、少说。"如果一个人具有很强的倾听能力，他就能在与他人交往的过程当中抓住谈话的要点和重点，提高自己的办事效率和准确度。同时，还能通过倾听积极提炼出对方语言和信息的精华部分，在社交生活中表现出极高的沟通能力，自然能成为交际中的风云人物。

帕玛尔曾经说过："专心倾听是一件不容易做到的事情——它在某种程度上耗费我们的心智，令我们的身心疲惫，也令我们大为震惊。"可见，倾听看似简单，可要实际操作却不是那么容易，因为倾听不光是一种学习技巧，更是一种很难坚持的技能。在学校，有很多不善倾听的孩子自认为已经听懂了老师在课堂上的知识要点，而在实际做题或考试的时候无从下笔。现实生活中，更有许多没有养成良好倾听习惯的成年人盲目自信，在与他人的交流当中虽然巧言辞令却因为不善倾听抓不住谈话要点而错失良机。我们不难发现，很多不懂得倾听的人往往喜欢自说自话、夸夸其谈，或是眼神空洞地听别人说话却不得要领，这两种极端的人即使在自己的朋友圈里也常常没有很好的口碑和人缘。

显然，让孩子学会倾听不仅仅是为孩子的学习、生活着想，更是提前让孩子学到切实有用的与人交往的必要技巧，为将来进入社会与形形色色的人接触的相处之道积累经验。

让孩子"学会倾听"要从两个方面加以强化，不仅要细心、耐心地听别人讲话，更要"会听"：在听的时候思维跟着别人的话语不断深入、发展，通过谈话人的语音、语调、肢体动作等综合性表达方式来理解对方的语言内容，抽丝剥茧地找到并抓住对方的讲话要点，为自己将要对答的语言找到最为合适的说辞，并积极、顺利地利用所听、所想、所感维系与对方的亲密关系。

◎ 父母要耐心倾听孩子说话。

我们发现，很多没有良好倾听习惯的孩子，他们的父母往往就是不善于倾听的人。在现实生活中，许多父母都没有认真倾听孩子说话的习惯，这直接造成了孩子不能安心、耐心地倾听别人说话。

有的父母认为孩子的所见所闻都是微不足道的小事，在孩子看来极为激动或诧异的事情都是因为孩子见识少、阅历浅，而自己作为大人，见多识广，早就对人生路途上的坎坷深有体会了，所以常常认为"我自己吃的盐比孩子吃的饭还要多"。持有这种思想的父母总是把孩子生命当中出现的喜怒哀乐忽略不计，在孩子对发生在自己身上或身边的事件表达看法观点时就以一种"过来人"的身份和眼光加以"藐视"，认为孩子不值得一惊一乍的，自然对孩子通过语言表现出的情感不认同也不接纳，对孩子的激动、伤心、兴奋、愤怒表现出过于理智的冷漠，这会让孩子感到很难过。久而久之，孩子在最放松、最自然的家庭里失去了倾听者，孩子就会逐渐放弃表达情感的方式，转而以其他形式宣泄自己的情感。这样不利于亲子之间的沟通与交流，更容易使孩子在感受不到来自父母关爱的情境下变得性格孤僻、不善言谈。

有的父母为了表示认同往往急于开口，认为那样可以展示自己对孩子的理解，所以常常在孩子正要开口的时候抢先把孩子要说的话说完了，这样显然也不利于孩子养成良好的说话和听话习惯。

有的父母本身对自己或孩子严格要求，做事效率很高，所以不能容忍孩子的拖沓和延迟，听见孩子说话慢或吞吞吐吐就忍不住催促孩子"有话快说""没想清楚就别说了"，父母的不耐烦和催促会让孩子对语言表达产生恐惧心理，担心自己表述不清或语序混乱会招来父母的责怪甚至打骂，久而久之，孩子担心说错而采取宁愿不说的方式拒绝和父母交流。没有说，哪来听？孩子不说出自己的需求，父母无从了解，反而认为是孩子性格倔强、怪异，把责任都推到孩子身上。

父母必须要知道的是，在家庭中，父母的一言一行、一举一动都是孩子学习、模仿的榜样。如果父母不善于倾听孩子的话语，打断正在说话的孩子、对孩子的个人意见妄加评论，孩子必然会从中学到不正确的语言交流方式，不善于听，更不善于说，必将影响孩子与他人的正常交流。所以，父母在与别人交流时要表现出真诚、耐心，以善于倾听、投入地交谈等正确的方式和礼仪，让孩子受到正面而积极的影响，以父母的行为方式为楷模主动、自觉地学习。

在平时，父母在孩子向自己描述或倾诉各种事情的时候，一定要当一名好听众，不仅不能随便打断孩子的话语，更不能流露出不耐烦的表情，也不能对孩子敷衍了事，应该鼓励孩子尽可能详细地表达，并要明确表达自己的想法和观点，和孩子一起对事件进行分析，使孩子愿意倾诉，并且乐于接受父母的建议和帮助。与此同时，父母也可以通过仔细倾听孩子的心声了解孩子的思想变化，理解孩子的身心需要，在心灵上和孩子保持亲密的沟通状态。

◎ 让孩子学会礼貌而耐心地倾听。

孩子不能认真地倾听他人讲话，往往源于他不懂得如何听。如果父母在家庭教育中有意识地教孩子一些倾听的礼仪，对孩子养成倾听的好习惯有很大的帮助。

具体说来，在倾听别人讲话时，双眼要注视对方的眼睛，不仅是对对方表示尊重，而且能够通过目视对方的眼睛达到控制自己的思维的目的，不管是听老师讲课，还是听同学说话，注视对方可以让自己保持专注，在思想上不容易出现分神的现象。

不少善于倾听的人给对方留下的印象就是眼神专注而执着，使说话人感到自己受到了尊重和激励。可以说，专注的眼神能够营造出良好的沟通环境，容易得到老师、同学的认可，为开展交流与沟通创造条件。

父母可以提醒孩子，有时候，除了专注的眼神之外，用适当的、不夸张的、不频繁的肢体语言也能从侧面表现自己倾听的专注度，比如不时地点头、微笑、轻抚下巴等，可以表现出自己正在认真倾听并且积极地根据对方的说话内容在努力思考。

要让孩子明白，倾听并非仅是"听"，还要正确判断和领会说话人的意思，并及时做笔记，"好记性不如烂笔头"，再好的记忆力也会随着时间的流逝忘掉很多关键性的细节，如果能够在上课时认真听讲并及时记录老师的讲课重点、老师书写的板书，对今后的学习或考试将会十分有利。

◎ 激发孩子的倾听兴趣。

很多孩子不愿意和别人说话，或者跟别人说话时表现得很不耐烦，是因为他们对说话的内容不感兴趣。如果孩子对说话的内容感兴趣，注意力就容易集中，思维也处于活跃的状态。所以，在平时的生活中，父母不妨把兴趣作为倾听的切入点，捕捉孩子的兴趣所在，激发孩子的倾听兴趣，在生活细节中不断激发孩子的倾听兴趣，逐渐养成良好的倾听习惯。

比如，父母可以利用大自然的优势，带孩子参与更多的户外活动，这样不仅有益于孩子的身心健康，更能使孩子在与外界的接触中萌发出对倾听的欲望和兴趣。

43. 学会主动道歉很有必要

盖瑞·查普曼博士提醒说："孩子在很小的时候就能学会道歉的语言，随着年龄的增长，他们对道歉的重要性会有更深的领悟和理解，为今后的道德和人际关系发展奠定基础。"但是，当下有些孩子在被宠爱、迁就的过程中变得霸道、强势、唯我独尊，只要是自己的，别人就不能碰；只要自己说过的，别人就必须办到；即使自己有错，也是别人的问题，不仅不愿意低头承认错误，不接受别人批评，而且还不会道歉，更不会主动道歉。

有的父母认为孩子年龄小、是非观念薄弱，自我控制能力不强，所以不能正确认识到自己所犯的错误，在做错事之后不懂得如何道歉，所以往往是孩子犯了错，父母主动代替孩子向别人道歉。

有的父母则把孩子做错事不认错、不道歉一律归咎为"孩子太叛逆了"，对孩子非打即骂，认为通过打骂，孩子就能够认识到自己的错误，殊不知这样的棍棒教育只会把孩子"越逼越反"，变得不仅知错不改，还嘴硬顶撞。

有的父母只关注孩子道歉的结果，不管孩子是否已经认识到问题的症结所在，只要孩子开口说"对不起"了，就是好孩子。这样只重结果的教育方式只会让孩子把道歉当作犯错的托词，只要犯了错，一句不带任何感情色彩、脱口而出的"对不起"就能把所有责任撇得一干二净。对这样的孩子来讲，道歉只是仅仅停留在形式的一句无关紧要的话而已。

更有的父母，特别是男孩的父母，认为男孩天性好动，不小心就会因为无心之失而闯祸、犯错，而男孩的心理又成熟得晚，所以认为男孩的错误用不着纠正，孩子长大自然就好了。父母这样的态度必然会导致男孩自以为是、知错不改，对孩子的将来造成不良的影响。

比如，媒体曾经报道过，有孩子爱做恶作剧，伸出腿把到讲台前领作业本返回座位的同学给绊倒了，同学的眼睛磕在桌角上流血不止，虽然及时送到医院却仍然没有保住那只眼睛。爱做恶作剧的孩子很后悔，因为他不知道自己的行为会对同学造成那样的伤害，没有预见自己行为的危害性。在他小的时候，在商场、书店看到同学、朋友，会高兴地跑过去用手拍同学的头，或是故意推同学一下，虽然同学很不喜欢，但孩子包括他的父母却认为这是男孩之间亲密的打招呼方式，用不着大惊小怪的。孩子的错误行为得不到及时纠正，渐渐地变得没轻没重，对自己的行为可能会出现的危害不能清醒地估计，以致这种"习惯性"的行为对别人造成了不可逆转的伤害。

所以，父母要告诉孩子，人与人之间的交往是建立在相互尊重的基础之上的，学会道歉不仅是对对方的尊重，也是有礼貌、有修养的一种表现。而且，能够面对错误，能够向别人道歉也是一种有勇气、敢担当的表现，会主动道歉的人不仅会很快得到对方的谅解，还会在一定程度上赢得别人的好感，获得对方的尊重。

要让孩子主动道歉，在他做错事的时候，父母就要及时地给予教育并纠正错误。

初中阶段的孩子，无论是身体素质还是思维能力，都有了飞跃式的提高，能够独立完成许多生活琐事，他们往往把自己当成"小大人"看待，也很注重自己的"面子"，如果自己无心犯下错误，往往会因为"面子"问题而逃避认错，更不会主动道歉。所以，父母不要在孩子做错事情后一味地批评、指责，那样容易使孩子产生逆反心理，即使心里知道自己错了，在嘴上也绝不认错，而且在以后犯错时担心受到批评而总会找各种理由推脱责任。

父母要让孩子知道错误所在和如何避免再犯类似的错误，使他明白，错误不是不可挽救的，只要改正，就能得到谅解，并且可以把错误造成的危害和损失降低。

父母应当把握孩子的心理，鼓励孩子鼓起勇气认错。如果孩子没有认错或道歉，但已经在默默改错了，父母要看到孩子的进步，不要拘泥于认错或道歉的形式。要让孩子明白，每个人都有犯错误的时候，只要改了就是好孩子。如果给予孩子足够的安全感，就会不断减弱孩子的畏惧，使孩子有足够的勇气承担后果。

孩子不认错，不主动道歉在很大程度上和家庭教育有着密切联系。传统的家庭观念认为"父母大过天"，子女要对父母绝对服从，即使父母做错了，也因为出发点是为了孩子好，而可以理所当然地对错误忽略不计。也就是说，父母认为自己不可能有错，谈何认错和道歉呢？而且，不少父母即使心里明白自己做得不对，但碍于"面子"，认为自己低头向孩子道歉就会丧失自己的威严，所以将错就错，会坚持即使做错也不认错的观念，反过来却教育孩子知错认错。家庭教育一且存在这样的思想，孩子是不可能从思想上认识到主动道歉的意义和重要性的。

父母做错了事如果能够主动向孩子认错，寻求孩子的谅解，不但不会影响自己在孩子心目中的高大形象，反而会使孩子心生亲切感，使家庭关系更加融洽，能够有效地拉近亲子之间的心理距离。而且，父母犯错后及时道歉，可以用现身说法的榜样效应让孩子明白："人非圣贤，孰能无过？"每个人都会有犯错的时候，认错不是一件丢脸的事情，"知错能改，善莫大焉。"

女儿回家后高声对正在厨房里炒菜的妈妈说："我的英语测试得了 97 分！"妈妈没听清，以为孩子得了"61 分"，赶紧到客厅关切地询问孩子怎么考得不理想。孩子丈二和尚摸不着头脑地被询问半天之后，才发现原来是妈妈听错了。

妈妈得知孩子是"97 分"之后有点儿不好意思地说："对不起，错怪你了。是我在厨房炒菜没听清。"女儿却说："没关系，我在刷牙的时候不也常常听不清你说话嘛！"

这位妈妈为自己的误听向女儿道歉，获得了女儿的理解，母女的感情丝毫没有受到任何影响，反而由于相互的体谅变得更加亲密。而有的妈妈呢？很可能会对女儿说："谁叫你声音太小，明知道我在炒菜，还不说大声一点，害我听错了。"
妈妈虽然没有什么过错，但她强硬的态度会让女儿感到反感，
容易使女儿把听错分数的原因归咎在妈妈身上，母女二人很
可能会因此发生争执，出现剑拔弩张的紧张气氛，这样的家
庭氛围显然是很难堪、尴尬的。

父母能够真诚地向孩子道歉，必然会使孩子感受到父母
的尊重和浓厚的爱意，也会让孩子学会犯了错误不逃避、不
找借口，引导孩子明白道歉实际上是在为自己的行为负责任，
让孩子们从成年人的道歉语言中学会该如何正确处理人际冲
突，学会表达歉意，帮助他们意识到道歉对维持良好人际关
系的必要性。

总而言之，道歉不是一句话的形式，我们要关注孩子认
错改错的过程，让孩子在以后的过程中自觉地纠正自己的错
误，体验为自己的行为负责的责任感，学会放低姿态融入良
好的人际交往关系中去。

44. 有责任心才能受人尊重

有位妈妈反映，自己的儿子今年虽然个头儿比自己还要
高了，但读初二的大男孩却一点儿责任心都没有，吃饭的时

候不小心把碗掉地上砸了，一点儿内疚感都没有。尽管爸爸妈妈没有半点儿责怪他的意思，但他也不会主动地帮忙收拾地上的残渣，而是端坐在座位上等着父母手忙脚乱地收拾完后再给他重新盛一碗饭。

儿子央求父母买的小泰迪狗，新鲜地玩一阵就不理不睬了，给小狗洗澡、喂食、遛狗都成了父母的任务，孩子只有在心情好的时候才逗弄小狗玩一会儿。妈妈忍不住责怪儿子："不是你央求我们买的吗？你怎么不管不顾了？一点儿责任心都没有！"儿子却一脸无所谓地说："唉，不就是一条狗嘛，至于吗？"

有一次，他不小心摔坏了家里的数码相机，还嬉皮笑脸地对闻声而来的父母说："嘿嘿，手拙了！"面对没有责任心的儿子，父母打算以扣他两个月的零花钱用来抵维修的费用。谁知道儿子竟然恼羞成怒以绝食来抗议父母的处罚。

这位妈妈感到十分伤心，不知道该怎么教育孩子。您的孩子是否也出现没责任心的端倪或已经有这类状况了呢？如果有，请赶紧关注并和孩子一起努力改变吧！

◎ 言传身教，让孩子感受到父母的强烈责任感。

缺乏责任感的孩子按照自己的喜好、情绪随心所欲地生活，不懂得对自己的行为负责，缺乏前进的动力只会坐享其成。所以，作为督促孩子前进动力的责任感，必须得到父母的重视。要使孩子认识到自己的一言一行会对自己或别人造成一定影响，并且通过努力把这种影响变成好的、积极的，争取把不良的影响降到最低。

有些父母一心想让孩子成才，无条件地、心甘情愿地竭力替孩子做一切事，把孩子的责任担到自己肩上。久而久之，孩子享受了安逸的生活，不能体谅生活的艰辛，没有明确的目标和坚定的斗志，缺乏奋发向上的愿望，没有责任感，在责任胜过能力的当下社会，这样的孩子是不可能成才的。

如果父母是有责任心的人，对孩子来讲就是最好的榜样。不少人认为，父母的责任感就表现在对孩子的教育问题上，那些对孩子疏于管教、为了追求自己的幸福抛弃家庭和孩子的父母往往被认为是"不负责任的人"。孩子的父母缺乏责任感，孩子受此影响也必然没有责任心。

在此，不得不提一种"无奈的责任缺失"，这种情况就是把孩子留在老家成为留守儿童的外出打工的父母。现在，不少父母迫于生活的压力，不得不和子女长期分离，这是无奈的抉择。可以说，父母把照顾孩子的责任心变成了对孩子的牵挂、为孩子创造良好生活条件的憧憬。许多父母在孩子小的时候，把孩子交由老人管教，当孩子大一些而父母工作稳定、有一定经济基础之后，一般都会让孩子回到自己身边，让孩子感受到家庭的温暖，弥补孩子儿童时期缺失的父爱母爱。可以说，这样的父母是伟大的，是用短暂的责任缺失换取长期的对孩子的负责。可是，仍然有许多父母，即使有能力和财力照顾自己的孩子，却以各种名义把孩子寄养在祖辈那里或亲戚家里，只图自己轻松快活而不愿履行父母对子女的义务，最终造成孩子变成"问题儿童"。

　　吴康（化名）是一个留守儿童，于 2006 年出生，在他 6 个月的时候，父母就把他留在爷爷奶奶的家中，外出打工挣钱了。为了贴补家用，夫妻俩每年只有过年的时候回家，平常和孩子沟通，只能通过电话。所以对于吴康来说，"父母"只是一个代名词，他并没有感受到父母的温暖。

　　没有爸爸妈妈的照顾，爷爷奶奶总觉得很委屈吴康，所以总是很溺爱他。到了吴康 8 岁的时候，他学着村里大人的样子，学会了抽烟。再大一点，吴康就学会了偷钱，有一次吴康偷了爷爷 1000 元钱，爷爷奶奶得知后，并没有把这件事情重视起来，连一句批评的话都没有说。

　　后来和母亲住在一起后，吴康常常和母亲争吵，因为他接受不了母亲严厉的教育方式，平常他抽烟或者玩游戏的时候，爷爷奶奶对他根本就不管不顾，而母亲总是制止他这样的行为。

母子俩生活了一段时间后，吴康对母亲越来越不满，越来越恨母亲，这种情绪越积越多，最终导致惨剧发生。

现在，不少孩子不能体谅父母的难处，认为父母对自己的所作所为都是应该的、必须的——"你们把我生下来，就该对我负责。"孩子偏激的想法正是由于父母的错误表率造成的，孩子认为父母就是没有责任感的人，他怎么可能把父母的谆谆教导听进耳里，记在心里呢？

要培养孩子的责任感，父母要做孩子的榜样，言传身教。不仅对孩子进行必需的教育，更要以身作则，对家庭充满责任感，爱岗敬业。教育家陶行知曾经说过："我要儿子自立立人，我自己就得自立立人。我要儿子自助助人，我自己就得自助助人。"父母是子女的第一位启蒙教师。无论是单亲家庭还是完整的家庭，父母都应当和孩子保持联系，加强沟通，对孩子充满责任感，通过打电话、写信、上网聊天等形式，让孩子感受到父母并没有抛弃他们，让孩子体谅父母不得不离开他的原因，尽量让孩子在父母身边成长。其实，对于孩子来说，锦衣玉食并不是必须拥有的，而能够与父母相伴才能让他们更有安全感。

◎ 让孩子做力所能及的事。

没有责任心的孩子，不仅会对周围的人和事极为冷漠，对自己的分内之事十分淡漠，对亲情、友情乃至将来的爱情也不会重视，更不懂得珍惜，很难在学业或事业方面获得成功。所以说，责任心是一个人安身立命的基础，是在社会立足并发展的必要素质。

现在的孩子生活条件越来越优越，也越来越以自我为中心，父母的包办代替更使孩子逐渐失去责任心、缺乏责任感，不仅自己的事情要依赖父母来完成，而且还对父母替自己完成的事情挑三拣四。所以，父母必须通过锻炼孩子独立做事的能力来培养孩子的责任心，如果孩子遇到困难，父母可以通过语言给予指导，但是一定不要包办代替，而应耐心地给孩子足够的时间把事情独立做完。

对于初中阶段的孩子，父母不要认为他的任务就是学习，其他任何事情都必须"靠边站"，而不让孩子做任何事情。其实，孩子也是家庭中的一员，家务劳动是他必须要参加的家庭活动。做家务并不会影响孩子的学习，反而能够使孩子得到身心放松，更有益于孩子投入地学习。在平时，要鼓励孩子洗涤自己的内衣裤、袜子，刷洗球鞋、书包等，督促孩子早起后叠被子、整理房间。这些不仅可以锻炼孩子的自理能力，还能使孩子在处理生活细节的过程中增强自信心、责任感。

◎ 鼓励孩子勇于承担责任。

父母要让孩子勇于对自己的言行负责，不能让他养成逃避或推卸责任的习惯，更不能依赖大人越俎代庖。

如果孩子在学校损坏了别人的文具，父母就要要求孩子用自己的零花钱照价赔偿；如果孩子一时冲动打伤了别人，父母对对方家长表示歉意的同时更要要求孩子自己诚恳道歉；如果孩子早晨磨磨蹭蹭上学迟到，父母不要慌忙送他，让他自己面对老师的批评；如果孩子要求喂养宠物，在孩子照顾动物的过程中父母要实时监督，告诉孩子疏于照顾的后果，让孩子负起责任来，通过一系列的持续培养，久而久之，孩子就会明白责任的重要性。

青少年时期是身心健康趋于定型的时期，是走向成年的过渡阶段。他们的心理发展和生理发育往往不同步，具有半成熟、半幼稚的特点。因而，在他们心理素质发展的关键阶段，容易产生心理波动，甚至心理滑坡，应该引起父母的重视。

第八章

误区：健康心理需要正确的引导

45. 当孩子爱上"非主流"生活

　　杨女士看到女儿小雅房间里的一张"自杀"照片后，吓得险些报警。可平常爱好购物和打扮的小雅对自己所拍的"自杀"式恐怖照片感到无所谓，对惊魂未定的父母的解释是："有什么大惊小怪的？我拍的是'非主流'照片。"

　　面对冷言冷语的女儿，杨女士感觉小雅越来越陌生了，学习一般，平常在家总爱上网，喜欢听一些另类的歌曲，学校不让学生染发她就染指甲，周末和同学出去玩也会抹口红、化浓妆、刷黑长的睫毛、穿超短裙或印着怪异图案的T恤；喜欢自拍，拍照时喜欢噘嘴、鼓嘴、瞪眼、摆"内八字"自拍。杨女士发现，女儿的同学、朋友也几乎都是这样装扮的孩子，男孩更是以一头另类的发型标新立异。

杨女士称，在自己与丈夫的结婚纪念日，女儿小雅送给了自己小礼物，可面对女儿的贺卡，自己感到很无奈。在女儿精心制作的贺卡上，密密麻麻写满了女儿对父母的心里话，可杨女士夫妇却愣是没有看懂。

女儿在贺卡上是这样写的："妑妑媽媽，憾埘泍們给莪泩掄，憾埘泍們给莪哋葰洧，憾埘泍們甪愽汏哋淘懷玙琛冗哋嬡，苞嫆了莪哋一茍沇點玙鈌點，祝蒝泍們褦軆捷嫌，泳逺婖輕、赻泺！"

杨女士和丈夫拿着这张贺卡，明明知道是孩子写给自己的一些心里话，却感到无奈和难以理解，只好请女儿进行翻译。

原来，女儿说的是"爸爸妈妈，感谢你们给我生命，感谢你们给我的所有，感谢你们用博大的胸怀与深沉的爱，包容了我的一切优点与缺点，祝愿你们身体健康，永远年轻、快乐！"

小雅认认真真地朗读了这份贺卡，不无得意地对父母说："我用的可是流行的'火星文'哦！希望爸爸妈妈结婚纪念日快乐！来，给你们一个大大的拥抱！"

面对热情的女儿，杨女士夫妇有些笑不出来。

在孩子看来，14 岁至 18 岁之间的中学生群体中，"非主流"就是充满活力、个性张扬的代名词，而在父母、老师看来，"非主流"本来主张不跟随大众潮流，张扬出自己的个性，但孩子们却误解了"非主流"的本义，如今的"非主流"完全变了味。不仅追求堕落和颓废，钟爱各种扭曲的甚至恐怖的图片，只知道上网、自拍和想着打扮引人注意，把大量的时间都花在装扮网络日志上，在写作业的时候还专门写错别字。对孩子们崇尚的"非主流"，许多父母感到茫然，同时担心会影响到孩子的身心健康。

小郭的妈妈最近特别郁闷，儿子才上初二，看别人留长头发，他也要留。夫妇两人坚持不让孩子留长发，孩子居然以天天不吃早餐来抗议。

小郭妈妈发现，儿子的玩伴都是"非主流"一族，其中两人已经辍学，其中一个男孩留着多种颜色的"爆炸头"，扎了五六个耳洞，戴着耳环，每只手上还戴六七条手链，穿的衬衣上面印着骷髅头和一些杂七杂八的英文。小郭妈妈十分害怕儿子"学坏"，可越是对儿子严加管教，儿子却越变得叛逆。

　　"真不知道，那样的装扮，有什么'美'可言？孩子真是鬼迷心窍了！"小郭的妈妈很痛心地说。

　　对于爱上"非主流"生活的孩子，父母不要过于焦虑，应该在理解的基础上采用适当的方式对孩子加以引导。

　　孩子对"非主流"现象的错误理解，长久下去必定影响身心的健康发展。父母要了解它的危害性，同时也要理解孩子爱上"非主流"的心理原因。

　　喜爱"非主流"的孩子一般以初中生居多，他们喜欢奇装异服。男生扎耳洞、留"爆炸头"；女生化浓妆和自拍怪异照片，这些都是为了引起他人的注意。他们使用常人看不懂的"火星文"，是为了表达自己的个性，利用形式丰富多样的文字表达自己的内心世界。

　　父母要理解孩子在青春期的心理变化，了解孩子迫切需要展现个性、被人关注的心理需求，肯定他们的活力和创新精神，明白孩子只是不甘平凡却又不知道怎样追逐潮流而造成的盲目标新立异和搞怪。孩子们装颓废正是反映了他们心中孤独、寂寞，但又希望能够被别人关注的矛盾心理。作为父母，要认识到，正确的家庭教育是孩子迈向成长和成熟的"护具"。有人曾经说过："没有正确价值观的孩子，都应该接受正确的心灵引导。"所以，父母对孩子的"非主流"行为表示理解的同时，要注意给予孩子精神上的关怀。有时候，造型怪异的孩子在受到路人指指点点时，他也能了解到别人眼光里包含的不是惊艳、羡慕、钦佩，而是鄙夷、不屑；孩子也明白，自己"非主流"的行为在很多人看来实际上是愚蠢的表现，可他就是需要这种哪怕是鄙视的关注来获得心理满足感，正是被爱、被关心的缺失促使孩子运用这种错误甚至极端的方式——"越不得越叛逆"。对此，父母要着重进行正确的引导，不能给处于青春期的孩子过分的宠爱，让他认为自己的怪异行为得到了父母的鼓励，达到了吸引别人眼球的目的，更会把这种对"非主流"的误解盲目地继续下去。

父母要给予孩子宽容，用包容的心态对待孩子在成长中出现的错误思想和行为，并诱导孩子积极地承担责任、改正错误。培养他们判断是非的能力，鼓励孩子用积极乐观的态度了解当下存在的各种社会现象，陪伴孩子顺利度过青春期。

46. 告诉男孩子，烟酒并不代表"男人"

据媒体报道，一位年仅 16 岁的中学生张某趁父母外出，在家中与同学举行聚会时，因饮酒过量而死亡。而根据某县参与征兵体检工作的医生透露，许多前来应征的高中生因长期吸烟，肺部已被熏得发黑，体检自然不合格，但如果孩子不改掉吸烟的恶习，后果将不堪设想。

目前，中学生酗酒、抽烟的现象屡见不鲜，特别是同学生日聚会、毕业聚餐时，男孩女孩或多或少都会喝几杯酒、抽几支烟。一位妈妈说，自己的儿子今年 14 岁，在参加完同班同学生日聚会后很坦白地向她汇报，参加聚会的几个孩子都喝酒了，还抽了几支烟，最后还一起去 KTV 唱歌了。这位妈妈听了之后很担心。她认为，自己也在过年的时候喝过酒，没觉得酒的味道有多好，反而还挺难喝；也不认为香烟真的那么"香"，反而还很呛人，可孩子为什么难为自己去抽烟、喝酒呢？

许多专家认为，孩子抽烟、喝酒不是天生的，主要成因还在于生活环境。

一般情况下，一方面，孩子产生吸烟饮酒的心理原因主要是身心逐渐发育成熟，孩子迫切地想以成人自居，看到许多长辈吸烟饮酒，便认为"只有吸烟饮酒才是大人，才像个男人"，于是出于好奇、追求成熟就模仿起来。父母没有注意在生活习惯方面对孩子进行积极的引导，使孩子更加有恃无恐，认为获得了家人的默许，自己是个大人了，所以父母才不管不问。另一方面，孩子重友情，讲"义气"，容易走入择友的误区，极易沾染一些社会青年的不良习气，以为吸烟、喝酒有派头，而且朋友都那么做，自己不应酬就是不合群，就很"掉价儿"。

此外，不少孩子对正面宣传产生逆反心理，越是受到规劝、劝阻，他越是跃跃欲试。还有的孩子在学习、生活中受到挫折，如考试失利、无助、人际关系紧张时，就借饮酒吸烟来寻求解脱，以此消愁解忧，逃避现实。

所以说，中学阶段的孩子吸烟、饮酒习惯，是一种对成长变化不适应的应激行为模式。一旦这种行为模式不被纠正，就会变成生理和心理的依赖，这种陋习就会维持，对孩子造成不良影响，不仅对孩子的生理带来危害，更会影响孩子心理的健康发展。

从生理上看，初中阶段的孩子正处在青春期，身体的各项发育仍有待完善，对外界各种有害物质的抵抗能力较弱，烟酒当中所含有的尼古丁和酒精对孩子的各种组织和器官都会产生有害影响。尼古丁和酒精的过量摄取容易导致肝硬化、内分泌腺损伤、心力衰竭、高血压、胃内黏膜萎缩、炎症以及毛细血管出血，肺部器官质性病变，造成对疾病的整体抵抗力降低，甚至使寿命缩短。从心理上讲，孩子吸烟、饮酒会导致一系列神经症和精神障碍。烟酒成瘾的孩子会出现思维的严重退化和智力功能的严重损伤，容易造成人际交往、言语感觉和理解能力方面的退化，孩子在运动行为、人际交往、求学等各方面也会受到严重影响，做出不负责任的甚至反社会的行为。

世界卫生组织《全球酒精与健康报告 2018》显示，低龄饮酒问题在全球是普遍现象，在美洲、欧洲和西太平洋的许多国家，15 岁儿童饮酒流行率在 50%—70% 之间，在许多国家，15 岁男孩和女孩饮酒的流行率差别非常小。

孩子们在小学时对烟草是深恶痛绝的，知道吸烟不利于身体健康。孩子们甚至会向周围吸烟的成人施加压力，要求他们戒烟。然而进入中学后，为了显示自己已经长大成人，一些青少年开始尝试抽烟、喝酒，最终染上烟瘾、酒瘾，不能自拔。对于这种"明知不好仍为之"的情况，父母的说服教育显然必不可少，而且应当是严厉的、强硬的、明确的。所以，父母要对处于青少年时期的子女进行严格的管教，才能帮助孩子们健康地度过心理的不稳定期。

47. "青涩的果子"不好吃

文静乖巧的 15 岁女孩小麦喜欢上了班里的一个男同学，而这个男孩也对成绩优异、模样可爱的小麦产生了爱慕之情，两个人偷偷谈起了恋爱。

小麦的父母很快察觉出女儿的反常举动，经过严厉询问之后，小麦把自己早恋的情况如实告诉了父母。

女儿亲口承认了早恋的事实，这让小麦的父母感到十分震惊。他们无法接受，担心女儿因此学习受到影响，更怕女儿和男同学一不小心就越了雷池。于是，父母开始对小麦围追堵截，并且限制了她的自由，不仅不准再和那个男同学有任何来往，而且放学后必须尽快回家，并且节假日不准私自外出。尽管如此，小麦的父母还是不放心，不仅偷偷"收买"了小麦的好友，对小麦在学校的任何风吹草动都全部掌控，还想方设法和男孩的父母取得联系，两家人同时向两个孩子施压。

父母的所作所为让小麦和男同学十分伤心，甚至非常愤怒，于是相约离家出走。在出走后第二天就被父母找到，小麦和男同学分别被父母带回家，被反锁在家里。

男孩以绝食表示抗议，而小麦却趁父母上班时用锋利的刀片结束了自己年轻的生命。

父母不当的干预造成了小麦的悲剧，如果父母能够正确地对小麦进行引导，而不是用强硬的态度干涉，如花儿一般的小麦或许依然鲜活地生活在世界上。

孩子正处于情感发育期，进入青春期后，性生理发育加快，不少孩子开始对异性萌生好感和兴趣，很容易出现早恋的问题。孩子一旦陷入了早恋的误区，不仅会占用孩子大量的精力造成学习成绩下降，还会对孩子的心理健康造成危害。

对于早恋的孩子，父母应该予以理解，并且正确对待和引导，不要强制干涉或一味地恐吓压制，把早恋视为大逆不道，一旦发现苗头就粗暴扼杀，那样必定造成越干预孩子越反抗的紧张局面。心理学家普遍认为，父母干预程度越高，男女双方产生的爱就越强烈。虽然很多时候，这种爱并不是真正意义上的爱情，仅仅是一种惺惺相惜、同病相怜的抗争。对此，心理学家把这种现象命名为"罗密欧与朱丽叶效应"。

所以，对待孩子早恋的问题，父母要把握"宜疏不宜堵"的原则。

◎ 从朋友的角度对孩子予以帮助。

对待同样一件事，朋友的眼光和父母的眼光不尽相同，有时甚至完全相反的。所以父母要抓住孩子的心理，尝试和他做朋友。对于有早恋现象的孩子而言，父母要改变自己的角色身份，不要被"早恋是错误的，为了孩子的未来着想就要竭力阻止早恋"的意识冲昏了头脑，在这种情况下，"曲线救国"的方式往往更有奇效。

父母不要对陷入早恋的孩子轻易动怒，要从孩子的角度看待这个问题，理解孩子对异性的好奇心理，从朋友的角度对孩子提供帮助，得到孩子信任的同时全面了解孩子早恋的程度，对一些可能出现的危险情况尽早规劝或挽救。比如和孩子讲讲自己青春期和异性交往的经历，谈谈自己对早恋的看法，让孩子说说自己的感受，教导孩子学会明辨是非、抵抗诱惑。

◎ 引导孩子建立健康的性心理。

孩子的性生理正处于发育阶段，身体上的逐渐成熟并不能代表心理也随之成熟。一般情况下，心理的成熟总是延后于机体的成熟，也就是说，孩子虽然会在身体上有所冲动和需求，但不懂得什么是真正的爱情，往往会出于本能的需求进行模仿，一旦受到外界不良因素的影响，很容易因为感情冲动而控制不住自己，做出越轨的傻事。所以，父母要和孩子坦诚地沟通，平心静气地对待孩子的思想变化，对一些有关"性"的问题不要遮遮掩掩或欲言又止，要及时地并用确定的语言对孩子进行有关性知识和性道德方面的教育，使孩子对"性"有正确的认识，逐渐建立起健康的性心理，有助于孩子在与别人交往、受到外界诱惑或影响时能够以正确、科学的态度增强自控能力和自我保护能力。

◎ 用丰富多彩的生活淡化孩子的恋爱心理。

不少孩子对异性的朦胧感情往往出于好奇、缺乏家庭温暖、渴望被疼爱的心理。所以，父母要给予孩子关爱，让孩子在家里获得情感支持，避免他在外界寻找情感和慰藉。

父母不妨常带孩子一起外出旅游，参加社交、文体娱乐活动，用丰富多彩的生活逐步淡化孩子的恋爱心理，消除孩子对异性的爱恋之情所带来的抑郁和烦躁，通过户外活动开阔心胸、拓宽视野、消耗体力，把孩子的精力引导到积极健康的活动中。

每一个父母的目的都是一样的，都希望自己的孩子将来幸福。面对孩子的早恋问题，父母要好好处理，只要掌握得当、处理合理，孩子恋爱的热情完全可以转化为进步的动力。父母要和孩子做朋友，多与孩子沟通聊天，了解孩子的思想动向，并且要让孩子明白，对异性产生爱慕是一种正常的心理，说明孩子正在逐渐成熟。但是，在没有完全成熟之前，恋爱却是有百害而无一利的。只有摆正学业与感情的位置，通过努力学习才会拥有幸福的爱情和美好的未来。

48. 引导孩子正确地与异性交往

青春期的异性关系是一个最容易被误解的问题。很多父母在意识到自己的孩子已经情窦初开时，采用的方法往往是旁敲侧击地劝阻、不由分说地制止，采用跟踪、偷看日记、假名上网和孩子聊天等方式探窥孩子的心理动向，很少有父母和孩子开诚布公地沟通，更不会主动为孩子提供指导。

15岁的小强俨然已经成长成一个血气方刚的大小伙子，学习成绩一向很好。可在最近的一次期中考试中，小强的成绩一反常态地出现了滑坡。父母追问原因，小强一脸不在乎地说："最近参加篮球联赛，确实有些耽误学习，以后一定注意劳逸结合，不会再玩物丧志了。"虽然小强信誓旦旦地表示自己会迎头赶上，可没过几天，父母仍然以"疑似早恋，请求调位"的理由恳请老师把小强和同桌小丽分开了。

小强觉得很纳闷，也很委屈，自己和小丽很"清白"，再说自己的成绩下降也不能赖别人头上，怎么父母就不信自己的辩解，擅自找老师调了座位呢？不但自己和小丽变得尴尬，而且全班同学知道这件事以后对两人更是指指点点，让他们抬不起头，还常常故意拿他们开玩笑，弄得小强和小丽苦不堪言，原本互相帮助、纯洁美好的友谊被迫终止了。

异性交往不可避免，孩子在学校、进入社会，都不可避免地会与异性展开交往，所以，父母在关注孩子的青春期生理变化的同时更要关心孩子的心理变化和需求，引导孩子把握与异性交往的尺度，让孩子具备与异性相处的本领。

◎ 父母要摒弃错误的异性交往观念。

不少父母对青春期孩子在异性交往的问题上存在很多误解和偏见，有的父母认为孩子还是初中学生，主要任务就是学习，与异性交往是长大以后的事。有的父母认为初中阶段的孩子还不成熟，不具备与异性交往的能力，忽视了与异性交往的技能是需要在实际中不断摸索和提高的；还有的父母认为异性交往就等同于"早恋"，看到两个男女学生单独在一起，就怀疑孩子们早恋了，于是把他们当作重点监视对象加以控制。

如果父母存在以上错误的异性交往观念，反而会给孩子造成巨大的心理压力。也就是说，反对孩子与异性交往，正如因噎废食一样是不可取的。

◎ 教孩子把握与异性交往的尺度。

按照人类心理社会发展的自然进程，一个正常人从初中开始就需要学习建立异性友谊，如果真的等到孩子离开学校走上社会之后才开始学习如何与异性进行交往，很可能会使孩子因为缺乏锻炼而变得羞于接触异性，对孩子的终身大事也会造成不可逆转的不良影响，所以，父母要从初中阶段教孩子正确把握与异性交往的尺度。

对于女孩而言，父母要让女孩注意与男孩保持一定的交往尺度。这样既能展现自己的魅力又要避免过于招摇或亲密造成不好的后果。对男孩的接近不要总是不理不睬，也不能过分热情，如果女孩对男孩一直不理睬，会在对方心目中成为"冰山美人"的形象，逐渐使身边的男孩都不敢接近，对女孩成年后正式谈恋爱也会造成影响。当然，女孩在交往中表现得过分热情，会让别人感到这个女孩为人轻佻，或产生鄙视、冷落，或引起别人的非分之想，这些都不利于正常交往。

父母要告诫女孩的是，要时刻保持警觉性，发现对方有任何不良举动都要及时采取防御行动，绝对不能心慈手软给对方可乘之机而让自己抱憾终身。

对于男孩而言，父母要训练孩子具有绅士风度，在平常的生活细节上，父母可以从照顾妈妈开始，指导孩子学会谦让和保护女士。比如，进出门时，男孩要给妈妈开门或让妈妈先进先出；见到妈妈有提水、买米的时候要主动提供帮忙等。

为了让男孩更容易与人接近，父母要多注意培养孩子的幽默感。让孩子阅读一些提升幽默感的书籍、听听相声、看看小品等，使孩子的"喜感"有所增强。当然，幽默感固然重要，但也要注意把握"度"，不要发展成油腔滑调。

父母可以坦诚地告诉孩子，和女生交往的过程中，该说就说，该笑就笑，该握手就握手，这些交往礼仪或交往需要都是很正常的，反而是忸怩作态或害羞脸红容易使对方讨厌。当然，如果过于开放、在与女生聊天时手舞足蹈或对对方采取摸头、拍肩等看似随意却很轻佻的动作，往往会让女生感到反感。

49. 正确对待"追星"的孩子

15 岁的女孩楚楚对妈妈的做法感到特别不满：

楚楚喜欢上了一位香港的男歌星，认为这位歌星不仅歌声特别有磁性，人也长得高大英俊，完全符合心目中的白马王子形象。楚楚把这位明星当作自己的精神寄托，为了能够有机会在见到他时能与他说上话，楚楚还在自学粤语。

可妈妈对楚楚的行为很不理解，认为有时间还不如多做做数学题、背背英语单词，甚至嘲笑楚楚："你喜欢他，人家又不知道。你单相思什么呀？"

妈妈的话让楚楚心里很难受。楚楚认为，自己只是很单纯地喜欢心中的偶像，喜欢听他唱歌，喜欢他高大英俊的面容，可妈妈为什么就是不理解自己呢？

偶像崇拜实际上是个人认同与模仿某个欣赏人物之言行及其自身价值的过程。其实，偶像崇拜正是青少年时期的过渡性需求和标志性行为。青春期的孩子心理状况非常复杂，一方面渴望得到同伴的认可；另一方面需要形成自我确认，而追星恰恰能满足孩子这两方面的心理要求。也就是说，在一定程度上，追星对于孩子的成长是有意义的，父母要给予理解，不必谈"星"色变，更没必要把追星当成"十恶不赦"的坏事严加禁止。

那我们的家长该如何处理孩子的追星问题呢？

◎ 正确看待孩子的追星问题。

偶像崇拜是孩子成长过程中必然出现的现象，如果要求孩子立刻放弃偶像崇拜显然是不现实的。

目前，绝大多数孩子的追星举动是把自己喜爱的明星照片、碟片进行收集，通过媒体了解明星的动态，收集并了解明星的生活资料，探听明星的八卦传闻，参加明星的演唱会，等等。如果孩子的追星行为仅限这些，父母就不应当横加干涉，这样的调剂性的活动可以在紧张的学习之余丰富孩子的课余生活，对孩子是一种放松和调节。

如果父母对孩子追星感到很恐慌，用激烈的态度和言辞加以评价，只会让孩子感到反感，产生敌对情绪。一个 15 岁的女生在谈起她追星经历的时候这么说："其实我一开始只是对这个明星比较欣赏，有空的时候就听一听他的歌，看看他拍的电影，感觉比较轻松。但我妈妈认为这个明星的样子和造型看起来坏坏的，很担心我学坏了，或者影响了学习成绩，三番五次地要我把已经买的光碟扔掉或送人，总之不许听、不许看。我一开始还和她讲道理，后来索性不理她，一个人躲起来偷偷听，晚上窝在被子里偷偷看，还和同学交流信息，只要获得一点这个歌星的消息，就如获至宝。有时候觉得妈妈越反对我，我要是反抗成功了好像很有成就感似的。"看来，父母的好心并没有获得好的效果，反而激起了孩子的逆反心理，这是父母始料不及的。

所以，父母要持宽容态度，对孩子表示理解，让孩子感觉到父母认同他的选择，自己只要注意方法和分寸就可以。父母也可以让孩子明白，追星是一种个人爱好、个人意愿，但在学校的环境里，必须遵守学校的规则。如果孩子在学校里表现得体，遵守纪律，服饰造型符合规范，那么在特定的追星场所，比如个人演唱会，或摇滚晚会上，前卫的穿着和疯狂的肢体语言是可以允许的。让孩子清楚自己在做什么，什么场合做什么事，这也是培养孩子自信、自立的一种方式。

◎ 防止孩子出现不健康的追星状态。

有的孩子追星追得将生养自己的父母都忘掉了。为了能够看到自己日思夜想的帅哥明星，即使自己的父亲生病住院了，孩子也义无反顾地赶往演唱会现场；有的孩子追星追得忘掉了一切，学习、考试统统地被抛在脑后，为了能够得到偶像的亲笔签名竟然在偶像所在的宾馆门口整天整夜地死守。

孩子处于青春期，心理发育尚不成熟，由于经历少、阅历浅，感情丰富而情绪容易激动，往往会做出一些不冷静的事情来，如果孩子追星追到神魂颠倒的地步，肯定会影响学业和身心健康。一旦孩子出现这种情况，父母就要特别重视，更要充分给予孩子正确的引导。让孩子明白，明星也是普通人，和正常人没什么两样。父母要因势利导，让孩子明白，明星呈现在大众面前的只是生活的一小部分，而且是歌迷、影迷愿意看到的那部分，在脱离光鲜舞台、走出镁光灯后，他们也是会吃喝拉撒的凡人。

父母可以鼓励孩子把明星值得被模仿的部分加以保存，把不值得效仿的部分予以剔除，而不是盲目崇拜，同时要开阔孩子的视野，把对明星的榜样认同和崇拜转化为积极向上的动力，让孩子通过生活中的不断提高为自己创造另一种明星效应，让孩子把追星化为自我激励并体会到成功的快乐。

50. 协助孩子处理与老师的矛盾

不少老师反映：小学生对老师很敬畏，老师说什么就是什么，特别看重老师的评价。高中生已经有了一定的是非判别能力，一般情况下能够理智地对待与老师之间的关系。而初中生由于是非观念薄弱、初中的课程突然增多、学习压力陡然增加，青春发育期到来、自我独立的意识加强等因素，初中孩子显得不惧怕老师，甚至还会与老师对着干，以至于老师普遍认为：初中生最难管。

小杜在校园内与物理老师发生了矛盾，一怒之下竟邀约人把老师打伤。事发之后，小杜的父母找老师赔礼道歉，可老师认为小杜性格暴躁、生性顽劣，说什么也不接受小杜父母的道歉，而且就赔偿问题一直存在争议。最终在派出所民警的调解之下达成了一致协议，由小杜的父母赔偿老师各项费用，同时老师放弃追究小杜的刑事责任。

面对孩子与老师产生了矛盾，身为家长，一定非常尴尬、伤心。

"孩子和老师产生了矛盾，那还了得？那不是自找麻烦吗？"有的家长在孩子与老师发生矛盾之后，第一反应就是"孩子肯定是错的，老师为了教孩子呕心沥血，孩子不仅不知感恩还顶撞老师甚至和老师发生肢体冲突，完全是大逆不道的行为！"有的家长认为，孩子如果和老师产生矛盾了，老师肯定不会再对自己孩子上心了，得罪了老师哪还有好日子过？所以往往规劝孩子赶紧向老师道歉，获得老师的谅解，希望孩子重新在老师的庇护之下认真学习，考上好学校。

其实，持有这样观点的家长不在少数。为了孩子的将来，为了孩子在学习上有所进步，父母们想方设法对老师请客送礼还来不及呢，哪能容忍出现让老师生气的事情呢？在孩子和老师发生矛盾后，父母往往不听孩子陈述事实，不给孩子解释的机会就一口认定错在孩子，孩子应当负全责，这让孩子感到十分委屈。

当孩子坦诚自己和老师产生矛盾时，父母首先应当做的就是给孩子解释的机会，了解事情的经过。最好是通过和当事老师取得联系，通过孩子的同学获得第三方信息，在照顾老师和孩子的自尊心及"面子"的前提下在两方之间斡旋。

比如，孩子认为老师只听一面之词就认定他考试抄袭了别人的试卷，当着全班同学的面对他批评指责，所以他据理力争，和老师在课堂上吵了起来，最后弄得自己很难过，老师也很生气。面对这样的事件，父母不妨对孩子的几位同学进行走访，了解当时的真实状况，如果老师只是质疑孩子的能力，对孩子从不及格突然变成了全班前十名的努力表示怀疑，并没有说出带有人身攻击或侮辱性的话语，孩子的反应就是过激了，需要向老师道歉；如果根据多方查证，父母了解到老师看到孩子的高分试卷之后对孩子冷嘲热讽甚至用一些挖苦、恶毒的话语把孩子说得很难堪，父母就需要和当事老师或班主任进行约谈，指出老师的不正当教育方式，要求老师作出解释，并对孩子造成的心理伤害表示歉意。

孩子和老师产生矛盾的情境一般都是孩子在学校的时候，当时父母并不在现场。所以，在处理孩子和老师的矛盾中，父母虽然是置身事外但要对事件保持高度的关注，避免孩子或老师因为此事把矛盾逐渐升级，最后造成不可逆转的严重后果。

　　一日傍晚，某市公安局民警在例行巡查时看到一个 14 岁左右的男孩在一栋宾馆附近徘徊，走走停停、左顾右盼，民警觉得可疑便上前盘问。男孩面对民警的询问显得十分局促，言辞含糊，神色慌张，当民警询问男孩姓名及住址时，男孩拒不回答，以沉默来面对民警关切的问询。

　　民警把男孩带回了公安局，在他随身携带的包里面发现了一张手机卡，利用里面存入的电话和孩子的父母取得了联系。

　　孩子的父母连夜动身，在第二天下午赶到了公安局，见到一别近 4 个月的儿子立刻老泪纵横。

　　原来，男孩是某中学一名初三学生，因为和老师闹了矛盾，加上学习压力大，在考试后被老师教育了几句就顶嘴逃跑了，这一跑就是近 4 个月。

　　让父母感到后悔不迭的是，孩子和老师发生矛盾之后曾经向父母抱怨过，可父母不仅没有听完孩子的话，爸爸更是对儿子抬手就是一耳光，认为儿子自己不学好却把责任归咎在老师头上。正是这不体谅的一巴掌，使男孩坚定了离家出走的决心。

男孩认为，老师不尊重自己，连应该最懂自己的父母也不站在自己一边，甚至都没有听完自己的话就粗暴地阻止自己，这让他感到很寒心，认为只有离开学校、离开家庭才能使自己压抑的内心得到解脱。

在平常的家庭教育中，父母要积极地和孩子保持沟通，也要和老师进行必要的联系。不少家长认为，只要老师不主动打电话，孩子就是乖乖的、安分的。一旦老师打电话或让孩子回来通知自己去学校一趟，肯定是不好的事情，肯定是孩子在学校惹是生非了。所以，父母们自己对老师敬而远之，只要孩子对学校的事情闭口不谈，父母就完全被屏蔽于孩子的校园生活之外。

为了更好地了解孩子在学校的学习和生活，父母要主动和老师保持联系，无论是电话还是网络，无论是班主任老师还是孩子的同学，父母应该从多方面对孩子的状况加以掌握。同时，要注意的是，父母的信息收集要公开透明，不能让孩子认为父母对自己不放心、不信任，是通过老师、同学来"监视"自己。父母要让孩子知道，与其父母通过别人去了解，不如孩子自己开口对父母坦诚相告。

对于孩子的老师，父母应当在尊重的基础上保持自己的立场，老师也是普通人，老师也有常人一样的喜怒哀乐，虽然老师会以师德对自己的修养加以培养，但仍然不可能做到完美无缺。所以，父母对待孩子的老师要尊重、敬爱、理解，不能为了老师能够给孩子开小灶就对老师无条件吹捧、奉承，这样于自己、于孩子、于老师都是不好的。

孩子成长的过程遭遇挫折是不可避免的，这是正常的现象，能够忍受和消除挫折并保持完整的人格和心理平衡，这是心理健康的重要标志。家长要有意识地教育孩子敢于面对困难和挫折，提高克服困难和抗挫折的能力。

第九章

抗挫：
帮助孩子建立强大的内心

51. 和谐的家庭环境才能养育好孩子

一个人能否成才，除了与遗传因素有关之外，这个人所受的教育、所处的生活环境等都与之息息相关。作为孩子成长的第一环境，作为孩子的第一任老师，良好和谐的家庭教育环境对孩子的健康成长乃至成人后的整个人生发展都有着巨大的影响。

苏联教育家马卡连柯说："教育的过程是一个连续的过程，它的各个细节由家庭的风气来解决，而家庭风气不是想出来的，也不能用人工来保持。"也就是说，家庭教育必须重视营造和谐的家庭环境，才能对孩子产生积极正面的教育意义。

上初二的小惠被妈妈发现有早恋的迹象，妈妈感到特别恐慌，多次对小惠进行教育，甚至动手打了女儿，小惠仍然我行我素，还差点儿和小男朋友私奔。

妈妈知道自己的冲动行为激化了母女之间的矛盾，为了挽回女儿的心，妈妈带女儿找到了心理咨询专家。

面对专家的引导，小惠终于说出了心里话：妈妈生性爱唠叨、埋怨，爸爸为人老实本分，但妈妈总说爸爸窝囊，挣不了钱。渐渐地，内向的爸爸更加沉默了，还学会了喝闷酒，借着酒劲对妈妈动手，于是家里就像一个战场，小惠不想回家就在外面闲逛，认识了和她有相似经历的男孩，两个孩子同病相怜就成了无话不谈的好朋友。

根据相关调查显示，父母经常吵架甚至打架的家庭中的孩子出现心理问题的比例比离异家庭的孩子更为突出。父母往往认为大人之间吵架打架只是成年人之间的事情。然而，在两个人制造出来的紧张、恐怖的气氛里，孩子怎么可能安心地生活？

家庭氛围是由父母努力创造的，没有良好的家庭环境，对孩子使用再完美的教育方法也是毫无效果的。

那么，父母应当如何为孩子营造和谐的家庭环境呢？

◎ 父母要在生活中注意自己的言行举止。

父母是孩子的第一任老师，父母的一言一行都会对孩子起到潜移默化的作用，特别是在思想道德方面，父母在生活中不经意表现出来的举止和语言，往往含有对孩子而言具有标准化意义的信息，比如价值观、社会道德意识等，孩子会以父母的"模板"为标准来发展自己的行为，也就是说，孩子的一些个性特点与其说是"遗传"的结果，还不如说是从父母那里学来的。为了营造良好的家庭教育环境，父母就要做出正确的示范和表率，礼貌、谦虚、尊重、体谅、热情待客等，让孩子在和善和谐的气氛中受到熏陶。

◎ 给予孩子充分的尊重和理解。

每个人都希望得到别人的肯定、理解和尊重，这是基本的社会生活需求，孩子也不例外。父母要把孩子当成独立的人而不是自己的附属品，要尊重孩子的社会需要，不能把初中阶段的孩子再当作小孩看待，不能当着外人的面数落训斥孩子，也不要过于担心孩子这也做不好那也不能应付，要尊重孩子的自尊心，相信他的能力，给予孩子基本的信任。

在生活中，如果孩子的观点和自己不一致，不能以命令式的口吻要求孩子必须服从，而是心平气和地说明自己的观点和看法，耐心倾听孩子的理由，采用商讨的方法与孩子进行磋商，确定最终的解决方式。

对待孩子的事情，要放手让他自己处理，对孩子处理不当的地方不能粗暴地指责或体罚，要委婉地指出孩子的不足，并指导他如何进行修正，以朋友的心态和孩子真心相处。

◎ 给予孩子适度的关怀。

孩子往往是全家关爱的焦点，父母更是竭尽所能为孩子提供最好的生活条件，但更容易出现的问题是：对孩子的生活过度关注、对孩子的行为过分保护、对孩子的将来过于担忧。而孩子在父母无微不至的呵护中泰然自若地享受着父母给予自己的各种优待，有的孩子依赖成性、独立性差，遇到困难和失败就一蹶不振；有的孩子挑吃挑穿、只知索取不知回报，更不懂得体谅和感恩，所以，在生活中，父母要对孩子适度的关怀，既不为了锻炼孩子的独立性就对他冷若冰霜，也不对孩子施以过分的关注和保护，要让孩子在适度的关爱中既独立又坚强。

◎ 家庭成员之间要和谐、健康。

父母乃至整个家庭中的所有成员，都要有和谐、健康的关系，这才是家庭稳定和温馨的基础，才能成为孩子心理稳定和健康的保障。

　　有专家通过研究发现，相亲相爱的夫妻关系对孩子的健康发展有着极其重要的影响。真心相爱的父母能够给孩子甜蜜、温馨、健康的情绪感染力，生活中父母之间表现出的体谅、关爱能让孩子学习到如何和他人交往的基本能力，父母的相互信任之情也能使孩子学习到与人为善、与人保持稳定友好关系的真谛。而且，家庭成员中建立的信任关系能够让孩子感受到父母是可以信赖的朋友，自愿和父母成为知心朋友，把心里的秘密如实相告。

52. 有决策力的孩子会更坚强

　　我国传统的家庭教育向来不注意尊重孩子的意见，家庭里发生的一切事务基本都是大人说了算，孩子只有服从、不得违抗，没有做决定的机会。即使是关系到孩子自身利益的事情，父母也全权代理，因为"我是为了你好""你还小，经历的事情少，这些事情爸爸妈妈帮你处理就好了，一定让你满意"。其实，这种决策权的剥夺会使孩子从小就在被动服从的环境中长大，不仅没有独立意识，更难以对自己所做的事情负责，遇到生活中的问题和挫折很容易失去主心骨，惶惶然不知道该如何处理，一心等待着别人的救援。

优柔寡断、遇事胆怯、敏感脆弱的人会在激烈的竞争中被动地随波逐流，失去人生前进的方向，只有自信、勇敢、有决策力的人才能拥有足够强大的内心，才能坚强地面对生活的艰辛和变数。

决策能力是对未来的行为确定目标，并从两个以上的方案中选择一个合理的方案。培养孩子的决策能力具有很强的现实意义，不仅有利于培养孩子发现问题、分析问题、解决问题的能力，提高认知水平；还有利于培养孩子的独立自主精神和责任感；更有助于增强孩子的自信心，帮助孩子形成活泼、开朗、勇敢、积极的心理素质；良好的决策能力对于孩子的将来也是十分有利的，可以有效培养孩子的开拓创新精神，促进孩子社会性的发展，使孩子的管理能力、协调能力、平衡能力都得到发展。最为重要的是，拥有决策力的孩子自信但不自大、眼光长远而稳重，能够自控，也能够在遭遇波动和变化时保持冷静的头脑，坚忍不拔地渡过难关。

那么，父母如何在日常生活中培养孩子的决策力呢？

◎ 孩子的事情由孩子自己做主。

孩子的事由孩子自己做主其实包括两个方面，不仅包括孩子自己的事由孩子自己做主，还包括孩子之间的事也要由孩子做主。

　　孩子自己的事，父母不要包办代替，不要越界为孩子拿主意。该孩子做的家务事就要鼓励孩子独立地完成，该孩子独自处理的问题就要相信孩子的能力。父母要放手由孩子自己做决定。女孩子喜欢画画，不喜欢舞蹈，父母就要尊重孩子的这个爱好，不要强迫孩子去适应父母的安排，不要以"女孩子学舞蹈即使不考级也可以塑造良好的形体"为理由强迫孩子做她不喜欢的事情。兴趣是最好的老师，父母不要以成年人的眼光看待孩子自己的抉择。

　　在孩子们的交往过程中难免会出现一些矛盾和争执，父母不要盲目干预，孩子有他们自己处理矛盾和争执的原则。如果父母干预了，不仅达不到解决矛盾的效果，还很有可能使矛盾"升级"，更不利于锻炼孩子的决策能力。

　　所以，孩子的事情尽量由孩子自己做主，父母要以最大的信任、必要的指导和最低限度的帮助，起好"调整"或"把关"的作用，促进孩子独立、自主地发展。

　　◎ 教孩子相应的判断技能或技巧。

　　父母不仅要对孩子适当放手，还要教给孩子一些与他的年龄特征及身心发展规律相符的行之有效的判断技能或处理技巧。只有当孩子初步掌握了某一方面的技能或在某一方面有了成功的体验后，他才会有信心进行这方面的决策。如果孩子学会了自己做饭、洗衣服等技能，他就不会依赖于成年人，而是自己决定什么时候去做、怎么做、做些什么等。

> 小月一家准备搬新家了，妈妈打算给小月换一张床。可小月并不喜欢妈妈之前预定的红色单人床，她希望父母给她买大一些的木制床。于是，妈妈利用周末的时间，带着小月去了附近的几个家居市场，和孩子一起对每款床的功能、价格、安全性、占用空间、是否方便活动、是否便于整理等进行比较、分析、综合、判断，小月认真地逐一比较，终于选出一个各方面自己都特别满意的床。

小月的妈妈没有因为小月不喜欢她事先安排的床而责怪孩子，不因为小月的不服从而粗暴地剥夺了小月的选择权和决策权，而是耐心地和孩子一起进行分析，帮助孩子运用比较、分析等方法来排除不中意的款式，最后通过综合比较判断出喜爱的款式。这个过程就是一个教授孩子判断技能、技巧的过程。孩子能够在这一过程中学会运用诸多方式方法辅助自己进行思考，最终做出满意的决策。

◎ 邀请孩子参与家庭事宜的决策。

孩子生活在家庭中，家庭的事也就是孩子的事。很多父母认为孩子就是孩子，只要专心学习，把学习成绩提高，家里的事情完全不用他操心。其实，这种观点是不对的。孩子是家庭中的一员，也有权参与家庭的决策。家庭的事务对孩子也产生着许多影响，父母不能以"以学习为重"就剥夺孩子的决策权，只有让孩子感受到作为一个家庭成员参与决策的"主人翁"的责任感和幸福感，才能让孩子的决策能力得到锻炼和提高。

比如，平时的生活中，家里要添置什么日用品，买什么品牌、买什么型号，都应当征求孩子的意见；节假日去饭店吃饭，去哪家饭店、点什么菜也可以在决定之前征求一下孩子的意见，或事先询问孩子想吃什么，让孩子点一个他自己喜欢的菜。这些都是对孩子决策能力的一种锻炼。

◎ 生活中注意训练孩子的应变能力。

良好的应变能力是对孩子进行决策能力培养的重要因素。父母要针对孩子发展的实际水平，适当交给他一些任务，并创造一些情境来训练孩子的思维敏捷性和心理应变素质。比如，指导孩子去超市买东西，让孩子考虑购买物品太多该如何处理，弄丢了存包柜的凭条该怎么办等突发状况，使孩子在各种情境中深入思考，提高应变能力，从而促进决策能力的提高。

值得一提的是，锻炼孩子的决策能力，并不是以培养孩子的领导力为最终目的，而是让孩子增强自信心和自主意识，对自己的学习和生活乃至人生有清醒、自我、独立的看法和规划。

53. 面对问题不当"逃兵"

钟强（化名）的成绩十分优异，生活自理能力也比较强，为人处世比较成熟，是班上的班长和团支部书记，更是同学们公认的学习榜样。

由于家庭原因，钟强随父母搬了家，也进入了新学校。面对新的学习环境，钟强信心满满，认为自己能够很好地融入新的学校中，"是金子到哪儿都会发光的。"

可是，没过多久，钟强就发现作为插班生，多多少少都会感受到同学的冷淡。下课后，同学们三三两两地聊天、玩耍，他想加入到同学的谈话当中可总没有开口的机会；他也发现，在这所学校里，强手如林，第一学期期中考试，钟强的成绩就下降了十几名，他在原来学校里单科和总分保持全班第一甚至年级第一的风光再也没有了。这对他来说是个很大的打击。

钟强好像变了一个人似的，开始以身体不舒服为由不去上学，还常常央求妈妈给他转回原来的学校，从没有动手打过人的钟强还因一位同学说了句无伤大雅的话就把对方的鼻子打出血了。

钟强的爸爸对儿子的这种变化感到很不理解，认为儿子在以前的学校学习成绩好，到了新学校就偷懒了，所以成绩才下滑，所以几次三番对钟强进行教育，认为严厉地提醒孩子是为了让他早点醒悟过来迎头赶上，可事与愿违，钟强的成绩不仅没有提高，反而下降了不少。

为什么一个品学兼优的孩子在转学之后会判若两人呢？钟强的变化不得不引起我们的重视。他就是因为不能坦然面对自己转校后人际关系变化和学习成绩下降的事实，而选择了逃避的做法，当了问题的"逃兵"。这说明钟强缺乏面对挫折的经验，缺乏处理问题的心理素质，所以当他遇到问题，特别是来自学习、生活上的打击和不如意的时候，很容易心理失衡，产生失落、焦虑和自暴自弃的情绪。

如今的孩子绝大多数都是家里的"小公主""小太阳"，在他们的生活中一旦有什么问题，父母们总是会一马当先帮孩子把这些问题及时处理掉，父母希望凭自己的力量为孩子营造舒适、顺利、安稳的生活环境，可人生怎么可能风平浪静、一生无忧呢？父母现在以自己坚实的臂膀帮孩子挡风遮雨，使孩子失去了锻炼的能力，丧失了解决问题最基本的思考能力和动手能力，一旦离开父母独立生活或者脱离父母的庇护遭遇困顿，孩子撑不起属于他自己的一片天，只能以逃避的方式止步不前。作为孩子的父母，要想让孩子成年以后获得真正的幸福，就必须培养孩子克服困难、解决问题、应对人生风雨的能力，就要让孩子经常经历生活的磨炼，使他们的品格和意志得到锻炼。只有勇于战胜艰难困苦，能够战胜挫折屈辱，他们才能有坚韧不拔的意志，才能在日益激烈的社会竞争中坚强地生活。

◎ **鼓励孩子做力所能及的事。**

著名文学家朱自清先生曾经说过："要让孩子在正路上闯，不能老让他们像小鸡似的在老母鸡的翅膀底下，那是一辈子没出息的。"在生活中，不识五谷、面对煮熟的鸡蛋无从下手的初中孩子大有人在，孩子遇到了问题，第一反应不是自己想方设法解决，而是求助于父母或他人，正是父母包办代替了孩子的一切，才使得孩子产生惰性，性格变得软弱，衣来伸手饭来张口的生活方式更使孩子丧失独立生活的能力；

优越、安逸的家庭环境让孩子变得依赖、懦弱而自负，更容易使孩子缺乏顽强的进取精神，经不起一点点生活或学习中的小挫折。父母要有意识地让孩子做力所能及的事情，不要轻易地为遇到麻烦的孩子提供直接的帮助，要让孩子在处理生活琐事的细节当中培养坚强的意志，从生活中的小细节出发，不断锻炼孩子的思考能力和动手能力，使孩子养成遇到问题之后积极开动脑筋进行思考分析的习惯。

◎ **注意保护孩子的自尊心。**

自尊心是影响孩子健康成长的重要心理因素，自尊心受到伤害的孩子，在发展中必然会产生心理障碍，容易产生自卑感，在面对问题的时候更容易不自信，以逃避的态度不敢直面问题，更没有足够的信心解决问题。然而，有些父母并没有意识到孩子的自尊心需要得到尊重和保护，一味责备和轻视孩子的点滴进步，会在不经意间伤害了孩子。

在生活中，父母要时刻注意尊重孩子，保护孩子的自尊心，对孩子的点滴进步要及时肯定和鼓励，对孩子的学习低潮或是遇到问题暂时性地手足无措表示理解，不要责备或讽刺，要激励孩子面对问题不做"逃兵"，积极调动所学的知识和技能，以乐观勇敢的心态解决问题。

◎ 对孩子作恰当的要求。

父母对孩子的要求要恰当，要符合孩子的实际能力和现有水平，不能苛求孩子必须要达到或企及一个超过他能力范围的标准或目标。对于案例中的钟强来说，他在原来的学校成绩优异，转校之后学习成绩下降，他的父母并没有意识到转校对孩子造成的各方面的影响，而是以"以前成绩很好，排名第一"的标准要求钟强在新环境中继续保持这样的学习状态，这对孩子来讲是不科学的教育方式。

父母应当以关心和安慰的态度，帮助钟强平稳地度过转校后的适应期，帮助孩子分析失败的原因，总结经验教训，制定改进的具体措施，让钟强比较全面和客观地了解自己在新环境中的水平和角色，增强他的自信心，以新面貌、新姿态融入新的学习生活当中去。

54. 让孩子勇敢接受失败的结果

孩子在成长的过程中必然会遇到各种各样的失败，对于孩子来讲，失败带来的不良情绪固然令他感到难过、不安、后悔，但父母的态度更会对他产生巨大的影响。

当孩子遭遇失败的时候，如果父母对他说："早知如此，何必当初？在做之前怎么不用你的猪脑子多想想清楚呢？""看把事情都弄糟了，你是怎么搞的？笨死了！"孩子经常受这些话语的反复"暗示"，就会不自觉地扩大自己一两次失败造成的不良感受，会逐渐形成自卑、怯懦、害怕挑战的心理，认为自己什么都不行，什么都做不好，做什么都注定失败。当孩子对自己的评价过低时，就会失去勇气和动力，从此一蹶不振，最终很有可能会一事无成。

　　14岁的楚浩（化名）是一名初二的学生，因为期末考试成绩不理想，他竟然冲动地跑向了高速行驶的汽车，当场被撞身亡。

　　楚浩平时成绩一直很好，在他所在的实验班里名列前茅。由于爸爸常年在外打工，楚浩的饮食起居基本都是由妈妈照顾，但随着他渐渐长大，很多事情都不愿意向妈妈倾诉，妈妈也疏忽大意没有及时关注到孩子的异常，最终造成了这起悲剧。

其实，一次考试失败并不能算作真正意义上的失败，只能说是考试成绩不理想，可作为男孩的楚浩却认为是人生当中无法挽回的失败，放弃了自己的生命，不得不令人深感痛惜。

作为孩子的父母，应当鼓励孩子勇敢地接受失败的结果，要让孩子明白，失败能让自己变得更加坚强。"失败是成功之母"，这句话并不是随口的安慰，而是已经被无数人验证的道理。

◎ 帮助孩子认清失败的本质。

有人说："失败应当成为我们的老师，而不是掘墓人；失败是短时耽误，而不是一败涂地；失败是暂时走了弯路，而不是走进死胡同。"汽车大王亨利·福特曾经说过："失败不过是一个更明智的重新开始的机会。"

父母要告诉孩子，失败仅仅是成功路上的一个里程碑，是一个从学习到最终成功需要经历的痛苦阶段，只有有勇气面对不完善的结果，只有从错误中吸取经验和教训，才能获得最终的胜利。只有让孩子认识到失败的本质，把失败看作暂时的挫折，只要坚持努力，就一定能够有足够的勇气战胜失败，只要不服输、不认输，失败就不会成为定局。

◎ 有意识地培养孩子的自信心。

许多父母给孩子制定的标准和要求大大超过了孩子的实际能力，孩子始终不能达到父母的要求，始终处于失败的境地，再加上父母经常性地批评或责怪孩子，多重压力之下，孩子的自信心受到了损伤，生活中的一个个失败接踵而至，对于自我调节能力较弱、情绪调节能力欠缺的初中孩子而言看，他的自信心容易出现崩溃。

所以，父母应当有意识地培养孩子的自信心，对孩子通过自己努力达到的成功结果表示赞扬和鼓励，鼓舞孩子积极地面对生活中的困难，以"屡败屡战"、坚韧不拔的毅力面对生活中的困境。

◎ 让孩子体验到成功的喜悦。

如果孩子在失败的时候，父母只是给他一些空泛的语言安慰，孩子依然不会感到父母的关心和体贴，反而还会在特定的心态和场合下对父母的安慰产生抵触或冷漠。所以，父母不妨让孩子体验到成功的喜悦，把他置身在容易取得成功并且自信心、把握度更大的地方，以成功的结果来淡化失败的不良情感体验。

比如，孩子的学习成绩不理想，如果父母要求他在短时间内迎头赶上，各门功课都名列前茅，这显然是强人所难，也容易使孩子产生逆反情绪。但是，如果父母帮孩子找到一个突破口，让他从不太反感、基础知识并不薄弱的学科入手，集中精力学好这一门功课，孩子容易重点突击，取得最后的胜利。在孩子感受到成功的乐趣和喜悦之后，他就会自觉地运用这种方法，依次解决其他难题，用成功调动起来的情绪和激情对学习状态进行调整。

父母要帮助孩子，让孩子勇敢地接受失败的结果，不要让孩子认为通过一次失败之后自己周围的人都会歧视自己、否定自己的努力和能力，要让孩子明白，结局并不是最重要的，关键是看自己在这一过程中是否有进步。只要坦然面对失败并勇敢面对、积极进取，就会走出失败的泥淖，走得更稳更远。

55. 教孩子释放学习压力

孩子每天睡眼惺忪地起床赴校或挑灯夜战、眼镜度数越来越高、玩乐时间越来越少，很多父母都心疼地感慨："现在的孩子真累，真辛苦啊！"

孩子为什么这么累？有关部门曾经做过抽样调查，在4000 多份有效的调查问卷中，有 60% 的初中学生认为"学习压力太大"，所以他们感到很累，很辛苦。而对于"学习压力太大"的原因，60% 的学生认为校外的各种辅导班、冲刺班太多；55% 的学生认为过大的学习压力来自父母；32% 的学生归咎于作业太多，而只有 8% 的学生把学习压力过大归咎于课本难度过大。

父母的期望值过高、课业负担重、升学考试压力大、同学间缺乏真诚的交流和团结协作等，都是孩子产生学习压力的重要原因。我们要了解，只有适当的压力才能转化成学习的动力，才能促使孩子取得良好的成绩。没有压力或压力过大都是不正常的。没有压力往往就会失去动力和明确的前进方向；而压力过大又会给人造成心理、精神和身体的不适。学习固然紧张，如果孩子不懂得调节自己的身心，不知道如何给自己减压，长期生活在极度紧张和高压之下，必然会给生活和学习带来不良的影响，甚至被学习的压力压垮。

小薇平时学习刻苦，认真努力，学习成绩一向很好，在初二还进入了"尖子班"。父母对小薇也是寄予了厚望，屡次提醒她必须依靠自己的努力考上重点高中，否则只能到普通中学，很难考取名牌大学。

从此，小薇变得心事重重，上课也不像以前那样专心致志反而经常走神，学习成绩更是每况愈下。虽然小薇很努力地学习，但成绩却没有太大提高，而班里其他平时考试排名在她后面的同学却在几次考试中猛追猛赶，小薇长时间稳居第一的"宝座"不保。

为了继续保持第一，小薇努力不成心生怨恨，把内心的积怨发泄到同学身上，在两个她认为是强势对手的同学板凳上涂颜料、文具盒里放虫子，甚至趁体育课自由活动时在同学的饮水杯里放安眠药。

小薇的行径终于被同学发现，大家都对小薇的极端行为感到愤怒和不解：难道排名第一对她来说就那么重要？难道自己成绩上不去，把对手搞垮就能赢得光彩？

小薇的变化与极端行为和父母给她的巨大学习压力是分不开的。如果父母没有给她太大压力，在小薇学习停滞不前时及时帮助她化解了压力，或许小薇就不会变成被同学所不齿的另类孩子。

那么，父母应当如何帮助孩子缓解学习的压力呢？

◎ 激发孩子的学习兴趣。

兴趣是最好的老师。的确，孩子有了学习的兴趣，在学习过程中才能够自觉地产生探求知识的动力，才能自觉地、思维活跃地集中注意力并积极地克服困难，使学习的各项活动有效地开展。有相关研究表明，对某事感兴趣时，人会调动所有的积极和热情投入地付出，哪怕遇到艰难险阻、哪怕遭遇困境或磨难，都会为了这一浓厚的兴趣去一一化解。所以，父母要在激发孩子学习兴趣上下功夫，培养孩子对学习的关注和兴趣，从而有效克服学习带来的压力。

◎ 指导孩子建立正确的学习动机。

作为孩子学习的根本动力，学习动机应当被父母重视。但是，不少父母在指导孩子树立学习动机时却常常用"不读书就会一辈子干体力活""我们为了你花了很多钱，你不努力将来我们不在了你只有喝西北风了"等话来数落孩子，其实这样恨铁不成钢、急切希望"点醒"孩子认清形势的做法往往起不了任何积极的作用，不仅没跟孩子讲清楚"学习是为了什么"的道理，更无法直接激发孩子的学习热情。

所以，父母要注意经常鼓励孩子，给孩子树立一些阶段性的直接目标，用树榜样或讲故事的方法激发孩子的学习热情，不过多地灌输远大的理想或在孩子身上寄托父母一辈子无法实现的愿望。

◎ 倾听孩子的心声。

要想帮助孩子克服学习压力，父母必须对孩子在学习上的情况有所了解，明确孩子到底遇到了什么样的问题才出现了压力。只有和孩子保持良好的沟通，倾听孩子的倾诉，把心交给孩子，才能在孩子的描述中了解孩子心理压力的真实情况，才能够有针对性地对孩子提供具体的帮助。

对于一些不善于用明确的语言描述内心或有难言之隐不愿意当面与父母交流的孩子，父母不妨指导孩子以小纸条或发邮件的形式，以间接的状态和孩子保持直接的沟通，有时甚至比面对面的交谈更为深入有效。

◎ 了解孩子的学习近况，不制定过高的学习目标。

不少孩子产生了巨大的学习压力，很大程度上都来源于父母的高标准、严要求。在目前的应试学习大环境下，要孩子或父母做到对考试成绩不在乎、不追究是不可能的。父母要体谅孩子处于这种环境下的压力，尽量体谅孩子的处境，不仅不能再制定高不可攀的学习目标来给他们施压，而且还要动用父母的亲情为孩子减压。

56. 心胸宽广才会内心强大

宽容是一种品德，也是一种智慧。著名文豪雨果曾说过："世界上最宽阔的东西是海洋，比海洋更宽阔的是天空，比天空更宽阔的是人的胸怀。"孩子没有一个宽广的胸怀，不能够容忍周围一切不顺心的人和事，就无法快乐地生活。如果父母教会孩子学会宽容，就等于教给了他跟任何人交往的一种智慧的技巧。学会了宽容，不仅会拥有很好的人际关系，还能使自己的心胸更加宽阔，让人的生活变得更快乐。

宽广的胸怀不是天生的，是靠后天的培养和教育。孩子最初都是从父母那里学习待人接物的方式。如果父母在与他人交往的过程中表现出了宽容、大度，与邻里、同事之间融洽相处，遇事不斤斤计较，孩子就会学着父母的样子处理同学、玩伴之间的关系，也会变得宽容、友善，性情温和又惹人喜爱，容易受到别人的好评和拥护。也就是说，只有宽容的父母才能培育出宽容的孩子。

为了让孩子拥有宽广的心胸，父母更要让孩子多和同伴交往，在与别人的交流、沟通中发现别人的优点、容忍别人的缺点和错误，在交往中体会到宽容给自己带来的快乐。父母可以引导孩子向别人学习，称赞同伴的优点，庆贺别人的成功，主动帮助有困难的朋友，采纳别人的合理建议，使孩子在分享别人的成功的同时也使自己获得进步。

现在不少专家学者都在提倡对孩子进行"富养"。有的父母也奉行"男孩穷养、女孩富养"，认为"从来富贵多淑女，自古纨绔少伟男"，把男孩"穷"养，给他不好的生活条件，培养男孩坚强的品质；而把女孩"富"养，就是为女孩提供最好的物质生活，用一位妈妈的话说，就是"我会尽量给我女儿提供最漂亮的衣服、最好的鞋子、最美味的食物，让她像一个公主一样生活，这样才不会被别人用一根棒棒糖就骗走了。"

父母的想法和初衷并没有错，但把"穷养""富养"的真实含义曲解了。穷养男孩，并不是简单地让男孩适应简单、普通甚至恶劣的生活，而是要让他明白经历过坎坷磨砺，性情坚忍的人才能担当大任，只有"穷"过的男孩才明白优裕生活的可贵，才知道如何去创造财富，才懂得珍惜来之不易的幸福生活。而富养女孩，不仅仅只是在物质上开阔视野，更要在精神上丰富女孩的思想，这样的女孩才能在知识上见多识广，能够独立而自主地主宰自己的生活。

其实，无论男孩女孩，都要"富养"，这个"富"就是指精神上的富足。父母平时要多带孩子出门，增长见识，利用各种节假日，带孩子游览祖国的大好河山，对外面形形色色的人和事都有所接触，增长了知识、开阔了眼界，各种事情见得多了，心胸也就自然开阔了，也不会对一些鸡毛蒜皮的小事斤斤计较，不会因为日常小事的纠缠产生无谓的烦恼了。孩子会在与人交往、待人接物上自然而然地流露出大方、识体、乐观、宽容的心态。孩子一旦见多识广，就会习惯于接受新事物，能够灵活应变，对世间的事与物也就会宽容对待，同时也明白了，宽容并不是对坏人坏事的妥协，更不是懦弱、盲从的表现，而是明辨是非之后的包容。

孩子的安全一直是家长心中的牵挂，但让孩子真正学会自我保护，才是保证他们安全的前提。自我保护能力是一个人在社会中保存个体生命的最基本能力之一。孩子懂得自我保护，其实就是在困境面前能懂得应变，掌握一些处理问题的办法。

第十章

自我保护：
让孩子的青春充满阳光

57. 别让孩子成为校园暴力的受害者

近些年，校园暴力事件屡屡发生，很多父母都开始担忧孩子在学校里的安全问题。父母们难以想象，原本纯洁、安静的校园里还暗藏着那么多不为人知的恶性事件。孩子对自己的遭遇三缄其口、几个任课老师也不可能全方位关注每一个孩子，不少孩子在学校里或校外受到了威胁和恐吓，或者挨打受虐，父母反而往往是最后的知情者，这让极为关注儿女生活点滴的父母感到特别担忧和无奈。

小吕转学到某中学初二年级之后，就成了班上几个男同学戏耍的对象。他们认为，小吕是外地人，满嘴方言，穿着土气，就是"看不顺眼"，于是就把欺负小吕当作了每天的"课间休息"。

这些孩子今天在小吕的凳子上涂胶水、明天趁小吕上课听讲就钻到桌子底下把小吕的鞋带绑在一起，要么就是故意把小吕的书包藏在卫生角里，或是在小吕的后背贴上女生用的卫生巾。面对同学的骚扰和捉弄，小吕感到很难过，他以为，自己忍一忍，同学觉得不好玩就会放弃对他的捉弄，但他想错了。

一天下午放学之后，小吕所在的小组负责班级卫生，那几个男同学趁班上没人，竟然一把扯下了小吕的裤子。羞愤不已的小吕终于奋起反抗，但瘦弱的他哪是那几个男孩的对手，小吕的反抗激怒了他们，其中一个男孩顺手操起扫帚对着小吕一阵猛打猛戳。

小吕痛得大叫起来，忽然捂住下体痛晕过去。

几个男孩吓傻了，急忙溜走了。

其他打扫公共区域回来的同学发现了躺在教室里已经面无血色的小吕，赶紧把他送到了医院。

医生对闻讯赶来的小吕父母说的话，让这对老实巴交的夫妻当场昏厥：小吕由于外力的猛烈打击，造成了睾丸破裂，并急需手术，而且即使手术成功，

对小吕将来的正常生活必将造成不良影响。

小吕的遭遇让人同情，几个男孩的行径让人痛心，他们的戏弄让小吕忍无可忍奋起反抗，可最后的结局却是小吕身心受损，几个男孩也受到了惩罚。

目前，校园暴力虽然是备受关注的问题，但却极具争议，并且还没有一个统一明确的定义概念。从一般的层面上，我们普遍把发生在学生当中的欺辱、殴打、勒索、敲诈、抢劫等伴随暴力威胁的方式视为校园暴力。当自己的心肝宝贝在校园里受到欺辱的时候，父母们会感到震惊、心痛、愤怒，会控诉学校甚至社会：为什么我的孩子会在纯净的校园里遭受这些本不该承受的痛苦？而听闻这些事件的其他父母们也会感到焦虑和担忧：自己的孩子如何才能避免受到校园暴力的侵害？

◎ 对孩子爱之有道。

不少孩子在家里飞扬跋扈称王称霸，父母家人都得让着他，在学校里，看见谁软弱就去招惹对方，成为校园暴力的施暴者；可这样的孩子往往遇到比自己强硬的人，又会变成校园暴力的受害者，所以，父母要对孩子爱之有道，不要一味地满足孩子的要求，更不能对孩子言听计从。要在日常的生活当中给孩子锻炼的机会，让他体会到父母的辛劳，让孩子学会感恩。父母要多教育孩子，和同学之间不要斤斤计较，要用包容的心态接纳同学，尽量避免用暴力手段解决同学间的小矛盾。

◎ 不要以打骂的方式教育孩子。

在平时教育孩子时，父母不要采用打骂等极端行为对待孩子的过错。有资料显示，经常受到父母体罚的孩子会把自己的愤懑转移到别人身上，通过对别人打骂、侮辱来获得内心的平衡，长此以往，孩子的心灵变得扭曲，容易变成校园暴力的施暴者；而有的孩子，在父母的体罚之下变得自卑、胆小、懦弱，对一切外来的打击逆来顺受，又容易成为校园暴力的受害者。所以，父母一定不要以体罚的方式对孩子进行管教。面对孩子的错误不妨先进行温和地告知，让孩子明白自己错在哪里，以及自己的错误会带来什么样的后果；如果孩子依然不为所动，父母可以进行严厉的批评，严肃指出孩子的错误，勒令孩子进行改正。如果孩子依然置若罔闻，就要给予他相应的惩罚了，可以用明令禁止他使用电脑或者用做家务的方式来进行惩罚。

◎ 注重和孩子的沟通与交流。

有的孩子在感到学习压力大或遇到生活挫折时，由于心理发展得不成熟往往很难有效地控制自己的情绪和行为，就会以攻击别人的方式发泄内心的压抑情绪，寻求心理的平衡。还有不少孩子，尤其是单亲家庭的孩子，由于缺乏家庭的关爱和父母的沟通，往往变得比较自卑、孤僻、自尊心强并且十分敏感。这样的孩子有时候会以主动挑衅的行为来吸引别人的注意，以证明自己的强健有力，但他的挑衅行径往往又容易激起其他小团体的愤怒情绪，于是孩子自己却变成了受害者。

父母要在平时给予孩子更多的家庭关爱，注重与孩子进行沟通和交流，了解孩子的心理动态和需求，适当对孩子进行挫折教育，培养孩子坚强的品格，使他在遇到困境时能够采用正确的途径释放压力。

◎ 告诉孩子一些具体的防范校园暴力的方法。

教育孩子，平时的穿戴和使用的物品尽量保持低调，不要过于招摇；上下学尽可能结伴而行；独自上学放学或出去找同学玩时，不要走僻静、人少的地方，要走大路；放学不要在路上贪玩，一定要按时回家。

要让孩子知道，人身安全永远是第一位的，在学校要保持平和的心态，不主动与同学发生冲突，一旦发生矛盾或冲突要及时找老师解决。

对于那些自己早有耳闻的"校霸""大姐大"要敬而远之，更不要去激怒对方，避免受到不必要的伤害。

在遭遇校园暴力时，一定要沉着冷静，尽量采取迂回的战术，顺从对方的指示和话语，想办法缓和气氛，分散对方的注意力，同时获取信任，为自己争取时间，必要时，向路人呼救求助，采用异常动作引起周围人的注意。

58. 救人要量力而行

在家庭教育和学校教育中，培养孩子的献身精神固然重要，但在宣传少年舍己为人的献身精神时，我们往往只关注了见义勇为的行为，却忽视了施救不当造成的无法挽回的后果。

　　2023 年 7 月 1 日下午，某河段发生了一起痛心的事件：一名 4 岁的孩童在附近玩耍时不慎跌入水中，一名 15 岁的少年见此情景，义无反顾地下水救人，眼看着一大一小在水中挣扎，现场有人拨打了救援电话，派出所以及救援团队赶到现场。据现场的一位救援人士透露称，他们赶到的时候 4 岁的男孩已经被救起，送往当地的医院医治，可那名 15 岁的救人少年不知所踪。

我们经常在新闻报道中看到、听到这样的噩耗，孩子由于在放学后或周末、节假日缺乏监管，必要的自救互救知识匮乏，造成了一次次溺亡事故。而在事故当中，有不少孩子是在同伴遭遇困境而自己施以援手时不幸罹难的。孩子们接受的教育，绝大多数都是鼓励他们见义勇为、要与恶势力作斗争等。但作为未成年人，他们自己本身就是受保护的对象。在碰到类似的情况时，父母应让孩子首先选择求助于他人的帮助，而不是鼓励孩子自己去冒险。

为了让孩子在面对突发事件时拥有生存的智慧，更好地保护自己，父母除了在家庭中注重孩子的德育教育、培养孩子高尚品质的同时，更应该关注孩子的自我保护教育，让孩子学会运用智慧解决生活中面对的问题及突发事件。

平时，父母们常常教育孩子在生活中要互帮互助，面对突发事件要有勇敢乐观的精神，但在培养孩子具有良好品质的同时，更要对孩子进行智慧教育，在面对突发事件的时候，孩子所表现出来的智慧才是最重要的。然而，目前父母们最忽视的就是对孩子的生存教育问题，孩子在面对突发的危险面前，没有办法冷静应对，不能清醒地运用自己的智慧合理解决问题，仅凭满腔的热情以身涉险。如果孩子在面对同学落水的时候能够更冷静地运用生存技巧以及自己的智慧，许多悲剧是可以避免的。

所以，父母应该在日常的学习和生活中，给孩子普及救人的科普知识，为孩子提供相应的共生共赢的现实案例。在为孩子介绍一些少年英雄的事迹时，更多地宣传他们的机智与聪明，让孩子在学习他们的英雄精神的同时，学到更多科学的方法，使孩子不光有救人的勇气，还拥有救人的机智，使孩子在保证自己安全的情况下去救助他人。

让孩子知道，为别人提供帮助的前提是要保证自己的安全，只有保证自己的安全，才有机会、有可能去救助别人。要使孩子明确，帮助、救助他人的方式方法多种多样，一定要选择一种首先能够自保的方式。明确告诉孩子，见义勇为要量力而行，不能凭一时的冲动作不必要的牺牲。

在紧急情况下，要保持镇静，千万不要手忙脚乱。即使孩子的游泳技术很好，在面对同伴落水时也不要贸然下水，避免做无谓的牺牲。如果同行的伙伴多，可以叫伙伴们赶紧以各种快捷的方式通知家长或拨打 110、120 等求救电话。同时，在有条件的情况下应当就近寻找木板、长杆、救生圈、绳索等投入到落水的同学身边，让他抓住这些物体不致下沉或尽量攀扶上岸。

59. 教孩子学会保护自己

不少父母对孩子的安全问题极为关注和担心，对孩子上学被同学欺负、收"保护费"而不敢反抗而担忧不已，全家出动轮流接送孩子上下学；有的父母担心孩子太过善良，被坏人拐卖被传销组织软禁；有的父母害怕孩子遭遇突发事件时不知道如何保护自己，不懂得必要的逃生技能……

孩子的安危是父母们最为关心也是最操心的问题，在平时的生活中，如果父母能够抽出时间，教孩子一些规避意外伤害的知识和保护自己的方式方法，父母自己就不用太过提心吊胆，孩子也能够在面对突发状况时进行自我保护。

对于初中阶段的孩子来讲，"不跟陌生人说话""不吃陌生人给的东西"这些警告已经是"小儿科"，父母要对孩子讲一些具体的防范措施，增强孩子的防范意识，比如无论对方是否熟悉，独自在家时都不能随便给别人开门。

父母不要认为初中阶段的孩子身体发育已经很强健，外形与成年人很接近，但处在成长阶段的孩子无论是体力还是灵活度都会相对较弱，一旦有外来入侵，孩子依然招架不住，贸然与歹徒进行搏斗还会对自己造成不必要的伤害甚至生命财产也会受到威胁。所以，基于保护孩子的目的，父母要告诫孩子不随便给别人开门，要先问问是谁，如果是邻居或父母的同事，孩子可以隔着门告诉对方自己父母不在家，请换个时间再来。如果是陌生人，就要毫不犹豫地予以拒绝。

有的父母可能会感到纳闷，是自己的邻居或同事，孩子也要把他们拒之门外吗？事实上，警方通过相关调查之后发现，在刑事案件中，多数都是熟人作案，孩子往往对陌生人有一定的警惕性，却在一定程度上对熟悉的人十分信任，这给了歹徒可乘之机，他们会利用孩子的"认熟"心理对孩子进行欺骗，从而达到非法的目的。所以，父母要教育孩子无论对方是否熟悉，独自在家的时候都不要随便给别人开门。

上学、放学途中这个"真空"时段往往成为安全隐患的重要潜伏之地。父母在平常的教育中要提醒孩子不要随意泄露家庭信息。

有的孩子在公共场所等人流聚集的地方当着陌生人的面毫不避讳地谈论自己的家庭情况，出于炫耀、攀比的心态向同学、朋友谈论家庭情况，甚至夸大其词以求获得心理上高人一等的满足感，这种在众人面前拔高自己身价和家庭条件的心态本身就是需要调整的，一旦被别有用心的人利用，很容易使家庭或生命安全受到威胁。现在的骗术越发新奇，各式各样的欺骗手段令成年人都防不胜防，更何况涉世未深的孩子？如果父母在平时的家庭教育中提醒孩子不贪图小便宜、不围观看热闹、不随便和陌生人搭讪、不轻易相信别人的说辞，孩子会逐渐从中了解一些江湖骗术，在心理上和思想上保持一定的警惕，才能保护孩子自己和家庭。

对于有女儿的家庭来讲，父母往往更加操心，有的女孩不仅会像男孩那样拉帮结派、抽烟喝酒，而且更会因其特殊的身份极易变成受害人。初中阶段的女孩正值身体发育高峰，女性特征初显，如果不懂得保护自己而受到侵犯，对女孩的一生都会产生难以消除的阴影。所以，有女儿的家庭，父母要特别重视对女孩进行自护知识的辅导，在平时的家庭教育中，妈妈要为女儿多讲一些生理卫生常识，让孩子了解男女进入青春发育期后的身体差异，明白如果有男人用下体顶、蹭自己或抚摸自己的身体就属于性骚扰，对于这样的行为，女孩要勇敢地反抗，不能因为害羞或怕别人笑话而隐忍。父母在教育女孩的时候，要告诉孩子，不管是老师还是保安，不管对方的身份在孩子看来是多么纯洁高尚，不管他们以检查身体、从严管教等任何理由触摸自己的身体，都要坚决地说"不"，并且一定要及时告诉自己的父母。

每个女孩的心里都有一些小秘密，妈妈要多和女儿进行沟通，引导孩子把隐藏在心里的秘密说出来，在平时也要关注女孩的言行举止，一旦发现异常要及时和孩子交流。在交流的过程中不能着急、逼问，而要用温柔、平缓的语气对孩子表示关心，慢慢引导孩子说出心中的秘密。

60. 告诉孩子，生命无价

15 岁的小范在县城一所中学读初中二年级。虽然家庭条件较好，但由于小范的爸爸是一名靠卖菜起家的生意人，文化程度很低，小范爸爸很希望女儿能够做个"知识人"。小范没有辜负爸爸的厚望，每次考试都是班级前几名，数学单科成绩还常常是全年级第一名，小范爸爸对成绩优异的女儿寄予了很大期望。

某天，正在出差的小范爸爸接到女儿班主任的电话，在电话中，班主任告知他："你女儿下午没来上课。"一向按时上学、乖巧可爱的女儿居然没去上课，这让小范爸爸非常生气。"有第一次就有第二次，像这样下去如何得了？"小范爸爸当天下午就赶回家。等晚上女儿回家后，小范爸爸急不可耐地踹了女儿一脚，还破口大骂："我怎么养了你这么没用的东西？"女儿不知所措地捂着疼痛不已的小腿看着急红了眼的爸爸，不知道自己犯了什么错误遭此打骂。小范爸爸见女儿默默哭泣，心里更加恼火，怒气难平的他又扇了女儿两巴掌。

自始至终，小范爸爸只是劈头盖脸地怒骂女儿，没有给女儿任何机会为自己的逃课作解释。

看着伤心痛哭的女儿，妈妈也很难过，一直陪着女儿到凌晨两点才睡。凌晨 3 点左右，妈妈听见女儿干呕，慌忙起床，才发现女儿竟然偷偷喝了一瓶农药。

原来，小范当天下午是去陪同学看病了，并非逃课出去玩。回家后遭到爸爸的误解和打骂让小范感到很委屈，而生性懦弱的妈妈在听到女儿道出实情之后也没有及时和丈夫沟通，只是对女儿进行了安慰。小范越想越难过，最终在妈妈睡着之后，悄悄起床赌气喝下了窗台上的农药。

虽然小范有惊无险地被抢救了回来，但经历了这件事情之后，她的父母感到十分后悔，特别是小范的爸爸，更在女儿抢救的过程中当着医生护士的面狠狠地扇了自己几个耳光。小范的父母坦言，这件事情让自己吓了个半死，也认识到了自己教育孩子方法的不足，往后一定会改正。

其实，小范的服毒事件并非个案。北京大学儿童青少年卫生研究所 2023 年 1 月份发布的《中学生自杀现象调查分析报告》显示：每 5 个中学生中就有 1 人曾考虑过自杀，占样本总数的 20.4%；超 16% 的学生都有轻生念头，而为自杀做过计划的占 6.5%。自杀已经成为我国青少年排名第二的死因，仅次于意外事故造成的死亡。

为什么处于花季、原本应该无忧无虑的青少年孩子会选择早早结束自己尚未绽放的生命？

"冰冻三尺，非一日之寒。"孩子在众星捧月的环境中容易养成以自我为中心的人格，自尊心过分强大，外在表现就是"气性大"。这样的人格，遇到挫折容易因缺乏思想准备和应变能力而出现过激行为。

有专家指出，"别让孩子输在起跑线上"，足以引发这类沉重而残酷的事件，任何一个孩子都很难自始至终适应应试教育的竞争状况，升学的竞争无比激烈，父母、老师乃至社会把教育竞争所造成的后果都压在了孩子身上，让孩子稚嫩的身体和心灵饱受压抑。

除了家庭环境之殇、应试教育之痛，父母对孩子的关爱不够也是孩子选择走向死亡的一大元凶。爱和关心是维系情感的桥梁，只有爱的存在，生活才会幸福、融洽，如果父母把对孩子的关心仅仅停留在学习层面而没有关注孩子心理健康、人际关系的发展，无异于把孩子置于一个孤独无依的境地。孩子遇到委屈无处倾诉，遭遇困境无人协助，产生了悲观情绪无法释怀，必然走上自我毁灭的道路。

为了让孩子抱着积极向上的乐观态度健康成长，作为父母应该怎么做呢？以下几条建议可供参考。

◎ 改变不良的教育方式。

中学阶段的孩子正处于青春期，性格敏感，所以父母要注意教育方法，切勿简单粗暴。

不少父母对孩子采取"棍棒教育"，认为"不打不成才""棍棒底下出孝子"，可这样的方式往往会造成孩子失去自信，悲观厌世。每个孩子都有自尊，希望得到别人特别是父母的尊重。经常挨打的孩子，自尊心受到严重伤害，会产生自卑感，极容易破罐子破摔，走上自暴自弃的道路。

父母本是孩子最亲近的人，如果经常遭受父母的打骂，孩子就会感到人世间没有温暖，悲观厌世。父母应当尊重孩子，与孩子多一些理解与沟通，让孩子在赞赏中成长进步，特别是在孩子正值中考临近的时候，显得尤其重要。

◎ 给孩子更多的关爱。

很多父母对孩子的物质生活非常关注，但对孩子的精神需求不太在意，父母们认为，我们任劳任怨、想方设法为孩子提供了良好的环境，什么都不用孩子操心、什么都不用孩子管，孩子只要专心读书就行了，对于孩子的其他需求往往忽略不计。这样很容易造成孩子心理上的偏差。

父母的否定会吞噬孩子的自信，父母的霸权会使孩子失去自我、变得毫无主见、遇事不知所措；父母的包办代替会让孩子不会打理自己的日常小事，会使孩子责任感缺失，没有担当；父母的迁就娇惯，对孩子的物质要求有求必应，会让孩子认为一切来得太容易而不懂得珍惜，更不知道体谅父母，变得冷漠自私……

"教育无小事。"每一件日常生活中的小事不仅串起了孩子的生活，成为孩子成长道路的无数里程碑，更是铸就孩子一生的重要基石。

回顾自己的童年，童年的幸与不幸依然点滴在心，每个人都不能否认童年对于自己性格、能力、修养、观念等方面的影响。作为孩子的父母，作为"过来人"，应当更能体会家庭对孩子的重要影响和意义。所以，父母们不要以工作忙为理由对孩子缺少关心，不能因孩子的事无关紧要而忽略孩子的心理需求，要明白"光在孩子身上花钱而不花时间和心思会得不偿失"的道理，因为事业可以重新开始，而孩子的童年却不可能再重头来过。

◎ 对孩子加强"挫折教育"。

中国的孩子，特别是独生子女家庭，孩子从小到大几乎没有吃过什么苦，没有遇到过什么挫折，即使在生活中出现了不顺，父母往往一马当先为孩子扫平道路。

上幼儿园时，爸爸妈妈帮孩子背书包，刮风下雨时更是呵护备至，稍有一点头疼脑热就赶紧请假，而且一歇一礼拜，生怕孩子没有调理好。孩子小病初愈赶紧进补，吃鱼补脑、喝骨头汤补钙……为了孩子的身体，父母们没少操心。

读小学时，父母为了孩子选择各种补习班、提高班、加强班，生怕孩子在激烈的竞争环境中处于劣势，落于人后，将来考中学、大学没有实力，未来找工作没有能力。

孩子读中学了，不少父母甚至不惜牺牲个人前途，舍弃温暖舒适的家，去给孩子当陪读，照顾孩子的生活。因为孩子的自理能力差，父母担心孩子吃苦受罪，只能跟在孩子身边成为专职书童贴心照顾了。

"天将降大任于斯人也，必先苦其心志，劳其筋骨，饿其体肤，空乏其身。"父母把孩子保护得密不透风，孩子连自己都照顾不了，一点点挫折就想不开，产生厌世情绪，这样的孩子怎么可能成为一个对国家、对社会有用的人才呢？

所以，父母要在日常生活中对孩子加强"挫折教育"，让孩子接受吃苦训练、让孩子自己面对生活中的困境，必要的时候予以指导而不是包办代替，这不仅是对孩子负责任的表现，也是对孩子毅力和生活能力的磨炼，更是为孩子积累真正的人生财富。